STARK

INTERPRETATIONEN FRANZÖSISCH

Eric-Emmanuel Schmitt

Oscar et la dame rose

Interpretiert von
Jasmin von Billerbeck

STARK

Bildnachweis

Umschlag: Filmszene aus *Oscar et la dame rose* (Regisseur: Eric-Emmanuel Schmitt): ddp images/ Kinowelt Originaldate
S. 3: Eric-Emmanuel Schmitt: ddp images/Berthold Stadler
S. 6: Berg Tahat: public domain, http://commons.wikimedia.org/wiki/File:Tahat_matin.jpg
S. 8: Rursus, http://commonc.wikimedia.org/wiki/File:Religious_symy.svg
© Zuzanna / Dreamstime.com
S. 66: Leonardo da Vinci, Das letzte Abendmahl: public domain, http://commons.wikimedia.org/wiki/File:Leonardo_da_Vinci_%281452-1519%29_-_The_Last_Supper_%281495-1498%29.jpg
S. 67: Christus am Kreuz: © Vely – Fotolia.com

ISBN 978-3-86668-306-8

www.stark-verlag.de
1.Auflage 2010

Inhalt

Autorin: Dr. Jasmin von Billerbeck

Für Christoph von Billerbeck

Vorwort

Liebe Schülerin, lieber Schüler,

seit seines literarischen Debüts im Jahre 1991 hat sich Eric-Emmanuel Schmitt zu dem französischen Starliteraten schlechthin entwickelt. Sein literarischer Ruhm geht dabei weit über die Grenzen Frankreichs hinaus, denn Schmitt ist ein internationaler Bestsellerautor. Seine Werke wurden in viele Sprachen übersetzt und teils sogar – mit großem Erfolg – verfilmt. Viel Interesse ist dem Autor dabei auch in Deutschland, dem Land seiner Großeltern, bekundet worden.

Eines seiner bekanntesten und mehrfach ausgezeichneten Werke ist die Erzählung *Oscar et la dame rose*, das mittlerweile eine häufig eingesetzte Lektüre in der gymnasialen Oberstufe ist.

Diese Interpretationshilfe soll den Zugang zum Werk *Oscar et la dame rose* sowie seine zentrale Fragen erleichtern und gezielt auf Unterricht, Klausuren und das Abitur vorbereiten.

Das Kapitel **Biografie und Entstehungsgeschichte** vermittelt einen Einblick in das Leben von Eric-Emmanuel Schmitt und gibt einen Überblick über seine Literatur. Weiterhin ist hier eine Einordnung von *Oscar et la dame rose* in das literarische Schaffen des Autors zu finden, die im Anhang des Kapitels durch eine Übersicht über Schmitts *Cycle de l'Invisible* erweitert ist. Außerdem wird in diesem Kapitel über die Entstehungsgeschichte des Werkes *Oscar et la dame rose* informiert.

Die **Inhaltsangabe** hilft bei der Orientierung über den Handlungsablauf. Sie führt, um eine schematische Übersicht über den Inhalt ergänzt, in systematischer Abfolge durch die unterschiedlichen Kapitel des Werkes und fasst dessen Verlauf in allen bedeutenden Phasen und mit allen wichtigen Details zusammen.

Den Hauptteil der Interpretationshilfe bildet das Kapitel **Textanalyse und Interpretation**, das zu einem vertieften Verständnis des Werkes führen soll. Im Kapitel **Aufbau und Textstruk-**

tur werden der inhaltliche Aufbau sowie Zeit und Ort der Handlung erklärt, im Kapitel **Literarische Form und deren Einordnung** wird die besondere Form des Werkes herausgestellt, das Facetten mehrerer Gattungen trägt. Im Abschnitt **Erzählperspektive und Erzähltechnik** wird ein Einblick in erzähltheoretische Merkmale wie Erzähler, Perspektive und Figurenrede sowie in ihre Funktionen gegeben. Welche Sprachniveaus das Werk enthält, welche stilistischen Besonderheiten es aufweist und welche Rolle sie spielen, ist Inhalt des Kapitels **Sprache und Stil**. In der folgenden **Charakterisierung der Figuren** werden die Wesenszüge und das Verhalten der Protagonisten Oscar und Mamie-Rose und von anderen Figuren wie Peggy und Oscars Eltern detailliert analysiert. Aufbauend auf den vorangegangenen Analysen beleuchtet das Kapitel **Zentrale Aspekte und Motive** grundlegende Themen und Fragen des Werkes, wobei ein besonderer Schwerpunkt auf Aspekte des christlichen Glaubens gelegt ist. Die **Interpretation von Schlüsselszenen** vertieft in Form einer ausführlichen Analyse bedeutender Textstellen die bisherigen Ausführungen.

Im Kapitel **Rezeption** wird der außergewöhnliche Erfolg des Werkes *Oscar et la dame rose* und des ihm zugehörigen *Cycle de l'Invisible* herausgestellt, und es wird über Adaptationen informiert. Außerdem ist hier eine literarische Einordnung des Werkes in die Literaturgeschichte aufzufinden.

Diese Interpretationshilfe wird Ihnen die Lektüre und das Verständnis der Erzählung *Oscar et la dame rose* erleichtern, und ich würde mich freuen, wenn sie Sie dazu motiviert, sich mit weiteren Werken eines der bedeutendsten französischsprachigen Schriftsteller des 21. Jahrhunderts auseinanderzusetzen.

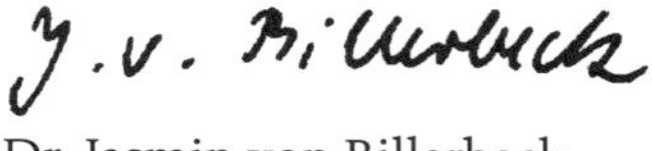

Dr. Jasmin von Billerbeck

Einführung

Der Brüsseler Philosophieprofessor Michel Meyer klassifiziert das Werk *Oscar et la dame rose* als Juwel, als einen der großen Texte der französischen Sprache.[1] Das Schicksal seines Protagonisten Oscar bewegt zutiefst und macht betroffen: Ein todkranker kleiner Junge wird in seinen letzten Tagen von der alten Dame Mamie-Rose so einfühlsam und spirituell begleitet, dass er zufrieden sterben kann.

Die Ergriffenheit des Lesers wird jedoch nicht nur durch die emotional bewegende Handlung verursacht, sondern vor allem dadurch, dass er mit urmenschlichen Fragen konfrontiert wird: Krankheit, Leben, Tod, Glaube, Liebe und Glück.

Der Philosoph Schmitt zeigt in seinem Werk, dass sich niemand diesen Fragen entziehen kann, sondern dass sich jeder ihnen stellen muss. Dabei gibt es keine definitive Antwort auf die Fragen nach Krankheit, Leben oder Tod. Da immer mehrere Möglichkeiten des Umgangs mit diesen Fragen offenstehen, gibt es keine unlösbaren Probleme. Jeder Mensch muss seinen eigenen Weg finden, wofür Oscar ein literarisches Beispiel gibt. Der unheilbar an Krebs erkrankte Junge lernt, sich seiner Krankheit zu stellen, seinen Tod zu akzeptieren und die restlichen Tage seines Lebens zu genießen.

Auf diesem Weg hilft dem Protagonisten die Auseinandersetzung mit den existenziellen Fragen, die ihn betreffen. Er ist allerdings auch auf die Unterstützung anderer angewiesen, denn allein kann er sein Schicksal nicht bewältigen. Die Person, die ihm seine letzten Tage im Krankenhaus erträglich gestaltet, ist die ehrenamtliche Krankenhaushelferin Mamie-Rose. Sie bietet sich dem Jungen als Gesprächspartnerin für seine Probleme an und versteht es, ihn mit Fantasie und Humor abzulenken. Ihre wichtigste Hilfestellung besteht darin, dass sie den kranken Jungen mit dem Christentum vertraut macht. Oscar kann letztendlich nur deshalb mit Zuversicht sterben, weil er den Weg zum Glauben gefunden hat.

Das Werk *Oscar et la dame rose* vermittelt eine optimistische Botschaft, denn es verdeutlicht, dass es auch in der schlimmsten Not Hoffnung gibt. Es zeigt, wie wichtig dabei Menschlichkeit ist – Mamie-Rose ist ein Vorbild für diese Eigenschaft – und wie bedeutend der Glaube sein kann, um Halt und inneren Frieden zu finden.

Die Inhalte und Botschaften seines Werkes *Oscar et la dame rose* vermittelt Eric-Emmanuel Schmitt durch eine sehr ausgefeilte Erzähltechnik und Figurenpsychologie, die dem Leser ein großes Identifikationspotenzial mit den Figuren bietet. Schmitt versteht es weiterhin, durch seinen abwechslungsreichen Sprachstil eine breite Leserschaft einzubeziehen. Vielschichtig ist auch die Form des Werkes, das Elemente verschiedenster Gattungen beinhaltet und nur deshalb gleichsam subjektiv und lebendig sein kann.

Schmitt hat sein Werk *Oscar et la dame rose* als Teil eines ebenso faszinierenden wie einzigartigen literarischen Zyklus über die Weltreligionen gestaltet, dem *Cycle de l'Invisible*. In ähnlich ergreifenden Geschichten wie der von Oscar thematisiert Schmitt in den weiteren Erzählungen dieses Zyklus andere Weltreligionen und metaphysische Fragen.

Biografie und Entstehungsgeschichte

Biografie

Eric-Emmanuel Schmitt wurde am 28. März 1960 in Sainte-Foy-lès-Lyon geboren. Im Gegensatz zu seinen Eltern, die als Sportlehrer und Physiotherapeuten tätig waren, beschäftigte er sich schon früh mit Literatur und Musik. Mit neun begann er Klavier zu spielen und dachte an eine Karriere als Komponist. Im Alter von elf Jahren entdeckte er beim Religionsunterricht durch seinen Lehrer die Liebe zur Philosophie. Als Teenager erwachte bereits sein Interesse an der Schriftstellerei und verfasste sein erstes Theaterstück. Ermutigt durch seine Lehrer, die seine Begabung erkannten, führte er seine Schriftstellerei weiter.

Seine Hochbegabung öffnete ihm die Tür zur Pariser Eliteuniversität *Ecole Normale Superiéure*, an der er ab dem Jahre 1980 Philosophie studierte. Im Jahre 1983 erhielt er seine *Agrégation* und arbeitete anschließend an einer Dissertation mit dem Thema *Diderot et la métaphysique*, die er 1987 abschloss und im Jahre 1997 als Essay unter dem Titel *Diderot ou La Philosophie de la séduction* veröffentlichte. Nach seiner Dissertation unterrichtete er Philosophie an einem Gymnasium in Cherbourg und an der Universität von Chambéry.

Ab dem Jahre 1991 begann sich Schmitt verstärkt der Schriftstellerei zu widmen und versuchte sich zunächst im Bereich des **Dramas**. Sein erstes Stück *La Nuit de Valognes* wurde sogleich in Paris auf die Bühne gebracht. Sein erster großer Erfolg und Durchbruch in der Theaterwelt gelang ihm mit dem Einakter *Le Visiteur* (1993). Es schlossen sich in fast jährlichem Produktionsfortschritt die Theatererfolge *Golden Joe* (1995), *Variations énigmatiques* (1996), *Le Libertin* (1997), *Frédérick ou le Boulevard du Crime* (1998) und *Hôtel des deux mondes* (1999) an. Diese Stücke eröffneten ihm neben den berühmten Pariser Bühnen auch das internationale Parkett und brachten ihm im Jahre 2001 den *Grand Prix du Théâtre* der *Académie Française* ein. Im Jahre 2003 veröffentlichte er das Drama *Petits Crimes conjugaux*, ein Jahr später folgte *Mes Evangiles*, und im Jahr 2008 erschien das Stück *La Tectonique des sentiments*.

Neben dem Drama widmete sich Schmitt der **Erzählliteratur**. So verfasste er mehrere **Romane**. Seinen ersten Roman, *La Secte des égoïstes*, veröffentlichte er im Jahre 1994. Der nächste, *L'Evangile selon Pilate*, der Jesu letzte Tage vor der Kreuzigung thematisiert, folgte sechs Jahre später. Für das deutsche Publikum dürfte *La part de l'autre* (2001), in der zwei Biografien von Adolf Hitler, die des Diktators und die des Künstlers, dargestellt sind, von besonderem Interesse sein. Schmitts nächstes Romanwerk, *Lorsque j'étais une œuvre d'art*, folgte im Jahre 2002. Im Jahre 2008 publizierte er den Roman *Ulysse from Bagdad*, und im Jahr 2011 veröffentlichte er das Werk *La femme au miroir*.

Große Erfolge konnte Schmitt auch bei seinen **Erzählungen** verbuchen. So mit dem bereits angesprochenen *Cycle de l'Invisible*, der bisher aus den Werken *Milarepa* (1997), *Monsieur Ibrahim et les fleurs du Coran* (2001), die im Fokus dieser Interpretation stehende Erzählung *Oscar et la dame rose* (2002) sowie den Werken *L'enfant de Noé* (2004), *Le sumo qui ne pouvait pas* *grossir* (2009) und *Les dix enfants que madame Ming n'a jamais eus* (2012) besteht.

Seine Liebe zur Musik thematisiert Schmitt in seinem Musikzyklus *Le bruit qui pense* mit den Werken *Ma vie avec Mozart* (2005) und *Quand je pense que Beethoven est mort alors que tant de crétins vivent* (2010). Weiterhin versuchte sich Schmitt in der **Novellistik**, was er mit den Veröffentlichungen seiner Novellensammlungen *Odette Toulemonde et autres histoires* (2006), *La rêveuse d'Ostende* (2007) sowie *Concerto à la mémoire d'un ange* (2010) unter Beweis stellte.

Von einigen Werken gibt es **Filmversionen**. Aus dem *Cycle de l'Invisible* wurde neben *Monsieur Ibrahim et les fleurs du Coran* – ein Kinoerfolg des Jahres 2003 – *Oscar et la dame rose* verfilmt (2009). Die Novelle *Odette Toulemonde* wurde ebenfalls auf die Leinwand gebracht und eroberte im Jahre 2007 die Kinos.

Heute lebt Eric-Emmanuel Schmitt – umgeben von seinen Katzen und seinem Klavier – in seiner belgischen Wahlheimat Brüssel, wo er voller Schaffenskraft an der weiteren Produktion seines eindrucksvollen Opus arbeitet.

Entstehungsgeschichte

Für die Entstehung des Werkes *Oscar et la dame rose* sind mehrere Aspekte von Bedeutung, die einzeln und auch miteinander verbunden Einfluss auf die Genese der Erzählung hatten.

Die Tatsache, dass sich Schmitt mit *Oscar et la dame rose* dazu entschließt, ein Werk zu schreiben, in dem metaphysische, also übersinnliche Fragen wie Glaube und Tod im Mittelpunkt stehen, ist einerseits mit seinem beruflichen Werdegang zu begründen. Es ist verständlich, dass der Autor als studierter Philosoph eine Vorliebe zur Auseinandersetzung mit metaphysischen Fragen aufweist. Zudem ist die Thematisierung solcher Fragen in eine seit einigen Jahren wieder aufgegriffene philosophische Debatte in Frankreich und Deutschland zu situieren. Im Rahmen der Sinnsuche in der modernen Welt sind essenzielle Fragestellungen in den Fokus der Öffentlichkeit gerückt, die französische Philosophen beispielsweise zur Gründung von sogenannten *cafés philosophiques* führten, in denen mit interessiertem Publikum diskutiert wird.

Viel wichtiger für die literarische Thematisierung von wesentlichen Fragen in seinen Werken ist jedoch der Schritt, der Schmitt nach Studium, Promotion und Lehre zur Schriftstellerei führt. In einem Interview mit A. Lesegretain vom 7. Oktober 2000 in der Zeitung *La Croix* beschreibt Schmitt seine Berufung zum Schriftsteller folgendermaßen[2]: Mit Freunden bereiste er im Jahre 1989 das Hoggar[3] und bestieg den höchsten Berg, den Tahat. Als er von dem Berg absteigen wollte, bemerkte er, dass er sich verirrt hatte. Als die Nacht anbrach und die Kälte zunahm, vergrub er sich in den Sand. Anstatt Angst zu haben, überwältigte ihn das Gefühl von Absolutheit, und er erlangte die Gewissheit, dass etwas über ihn wachte. In dieser Nacht in der Wüste, so erklärt er am Ende des Interviews, wurde ihm seine Berufung als Schriftsteller bewusst: « Cette nuit dans le désert m'a révélé ce pourquoi j'étais fait : j'étais un scribe. »[4]

Berg Tahat

Aus dieser spirituellen Berufung schöpft Schmitt nicht nur eine große literarische Motivation, die sich in einer beeindruckenden Produktionsfülle ablesen lässt. Vielmehr ist sie zweifellos auch Nährboden dafür, dass er sich in seinen Werken mit der Thematik des Glaubens auseinandersetzt.[5]

Eindeutiges Zeugnis für seine Auseinandersetzung mit Religion sind der *Cycle de l'Invisible* und die ihm zugehörigen Werke *Milarepa*, *Monsieur Ibrahim et les fleurs du Coran*, *Oscar et la dame rose*, *L'enfant de Noé*, *Le sumo qui ne pouvait pas grossir* und *Les dix enfants que madame Ming n'a jamais eus*. Jedes dieser Werke stellt – wenn auch auf unterschiedliche Art und Weise – eine oder mehrere Weltreligionen in den Mittelpunkt. Während *Milarepa* den tibetischen Buddhismus aufgreift, steht bei *Monsieur Ibrahim et les fleurs du Coran* die Annäherung an den Islam beziehungsweise an den Sufismus im Vordergrund. In der Erzählung *L'enfant de Noé* thematisiert Schmitt das Judentum im Vergleich zum Christentum, das Werk *Oscar et la dame rose* beschreibt den Weg zum Christentum, und in *Le sumo qui ne pouvait pas grossir* wird der Fokus auf den Zen-Buddhismus gerichtet. Die Erzählung *Les dix enfants que madame Ming n'a jamais eus* greift Weisheiten des Konfuzius auf.

Einen konkreten Grund, in seinem Werk *Oscar et la dame rose* über ein todkrankes Kind im Krankenhaus zu schreiben, nennt Schmitt in seinem Kommentar zu der gleichnamigen Erzählung.[6] Als Kind habe er häufig seinen Vater ins Krankenhaus begleitet, der dort als Physiotherapeut für Kinder arbeitete. In diesem Umfeld habe er eine andere Welt als seine eigene kennengelernt – eine Welt, in der Krankheit und Tod anzutreffen waren. Infolgedessen habe er sich nicht mehr unsterblich gefühlt. Später sei er selbst einmal sehr krank gewesen, aber geheilt worden. Diese Situation habe ihn in Verbindung mit seinen Erlebnissen mit seinem Vater zu einer Reflexion über Krankheit, Unheilbarkeit und Tod geführt, welche den Ausgangspunkt des

Werkes *Oscar et la dame rose* bildet. Schmitt lässt diesen autobiografischen Hintergrund stark in das Werk einfließen, wie im Rahmen der Textanalyse aufgezeigt werden wird.

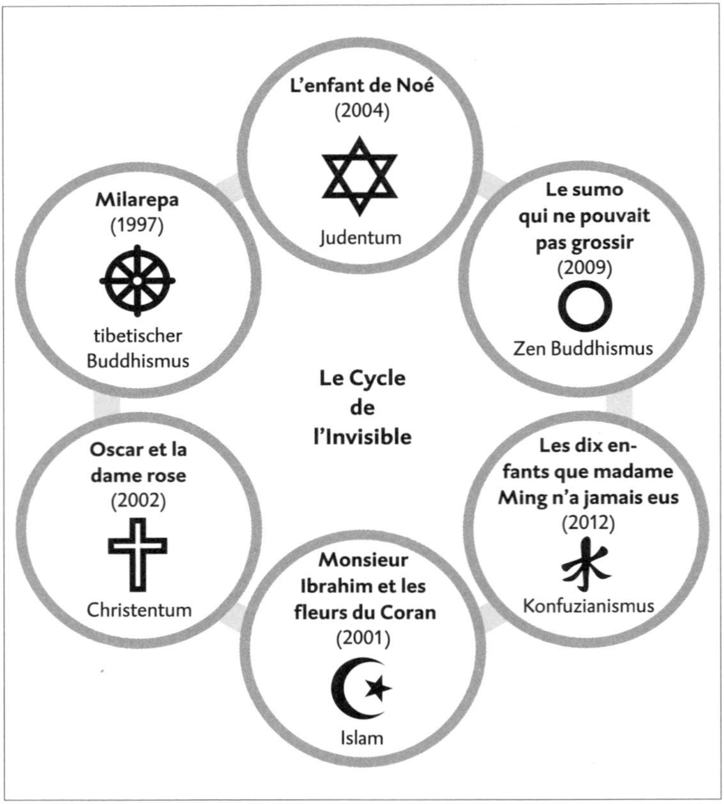

Der „Cycle de l'Invisible"

Inhaltsangabe

Erster Brief

Der zehnjährige, an Krebs erkrankte Oscar wendet sich – zum ersten Mal in seinem Leben – mit einem Brief an Gott.

Aufgrund seiner Krankheit lebt er im Krankenhaus, das er im Grunde als einen angenehmen Ort ansieht. Hier gibt es ehrenamtliche Helferinnen, die „dames roses", die sich um die kranken Kinder kümmern, und andere Kinder, mit denen er sich angefreundet hat.

Oscar hat sich einer Knochenmarktransplantation unterzogen, doch schließt er aus den traurigen Blicken seines Arztes, Doktor Düsseldorf, und dem Verhalten der übrigen, zum Teil übertrieben fröhlich wirkenden Krankenhausbelegschaft, dass die Transplantation wohl nicht erfolgreich gewesen ist.

Inmitten des Krankenhauses hat sich seiner Meinung nach nur Mamie-Rose, eine der ehrenamtlichen Helferinnen, nicht verändert. Auf einem Spaziergang im Park des Krankenhauses entwickelt sich ein längeres Gespräch zwischen Oscar und der alten Dame. Mamie-Rose erzählt von sich, von ihren Wettkämpfen als professionelle Catcherin, was dem Jungen Kraft gibt.

Da die Wirkung seiner Chemotherapie enttäuschend gewesen war, hatte man danach alle Hoffnung in die Knochenmarktransplantation gesetzt. Nun hat Oscar das Gefühl, dass man Mitleid mit ihm habe und dass ihm alle auswichen, wann immer er vom Sterben spricht.

Aus diesem Grunde berichtet Oscar Mamie-Rose von seinem Eindruck, dass ihm niemand sagen wolle, dass er sterbe. Zu seiner Erleichterung weicht ihm die alte Dame nicht aus, sondern geht zum Gegenangriff über: Warum frage er denn, wenn er doch wisse, dass er sterben werde. Als er die Bestätigung haben will, ob seine Operation gescheitert sei, antwortet Mamie-Rose nicht. Oscar schließt daraus, dass es ihre Art ist, Ja zu sagen. Als sie sicher ist, dass er verstanden hat, bittet sie ihn, zu schwören, dass sie nichts gesagt habe.

Danach macht Mamie-Rose Oscar einen Vorschlag. Sie ermutigt ihn, Briefe an Gott zu schreiben. Der Junge ist zunächst skeptisch und zweifelt die Existenz Gottes an. Doch Mamie-Rose erzählt von ihrem Glauben an Gott und erklärt Oscar, dass er sich weniger allein fühlen werde, wenn er Briefe an Gott schriebe. Durch seinen Glauben würde Gott existieren und Oscar könne ihm Dinge anvertrauen, die ihn belasteten. Außerdem dürfe Oscar Gott jeden Tag einen Wunsch vortragen, allerdings nur geistige Dinge.

Schließlich ist Oscar bereit, sich mit Gott auseinanderzusetzen, was zur Entstehung seines ersten Briefes an Gott beiträgt. Als Abschluss seines Briefes fragt Oscar, ob er genesen werde.

Zweiter Brief

Als Oscar den zweiten Brief schreibt, kennt er bereits die Antwort auf die Frage nach seiner Genesung. Er hat sie bekommen, bevor er seinen ersten Brief abgeschickt hat.

Als er mit seinem Freund Einstein im Aufenthaltsraum des Krankenhauses Schach spielt, kommt sein Freund Pop Corn zu ihm, um ihm von der Ankunft seiner Eltern zu berichten. Pop Corn meint, den Jeep von Oscars Eltern auf dem Krankenhausparkplatz gesehen zu haben. Zunächst glaubt ihm Oscar nicht, weil seine Eltern weit weg wohnen und ihn nur am Sonntag, wenn sie nicht arbeiten, besuchen kommen. Als er mit Pop Corn auf den Parkplatz schaut, erkennt allerdings auch er das Auto seiner Eltern. Als Belohnung für den Hinweis verspricht er Pop Corn Schokolade.

Nachdem er in seinem Zimmer länger vergeblich auf seine Eltern gewartet hat, hat Oscar eine Ahnung, wo sie sein könnten. Er schleicht sich daher unbemerkt zum Sprechzimmer von Doktor Düsseldorf. Seine Vermutung bewahrheitet sich, und der Junge belauscht vor der Zimmertür eine Unterhaltung zwischen seinem Arzt und seinen Eltern. Doktor Düsseldorf beteuert, dass sie im Krankenhaus alles versucht hätten, und sein Vater antwortet mit erstickter Stimme, dass er sich dessen sicher sei. Als der Arzt fragt, ob sie ihren Sohn umarmen wollten, erwidern sie, dass sie dazu niemals den Mut hätten und Oscar sie nicht in diesem Zustand sehen solle.

Oscar findet das Verhalten seiner Eltern feige, hat aber nicht länger Zeit nachzudenken, weil er aus dem Rücken der Stühle im Zimmer schließt, dass seine Eltern aufbrechen. Um nicht entdeckt zu werden, versteckt er sich im nahe gelegenen Besenschrank. Oscar verharrt den gesamten Vormittag in seinem Versteck, weil sich der Schrank nicht von innen, sondern nur von außen öffnen lässt. Das stört ihn aber nicht wirklich, da er ohnehin niemanden sehen möchte und geschockt ist. Als man später nach ihm sucht und überall seinen Namen ruft, antwortet er nicht. Schließlich entdeckt ihn eine Reinigungskraft. Danach ist das Krankenhauspersonal in großem Aufruhr und versammelt sich. Oscar erwartet Vorwürfe, erkennt aber, dass das Personal eher traurig ist, und so versucht er, von der Situation zu profitieren. Auf die besorgten Fragen, wie er sich fühle, wie er in den Schrank gekommen sei, ob er jemandem gefolgt sei oder ob er etwas gehört habe, antwortet er nicht. Stattdessen verlangt er, Mamie-Rose zu sehen, und kann seinen Willen durchsetzen.

Als Mamie-Rose da ist, berichtet ihr Oscar von Doktor Düsseldorfs Ankündigung, dass er bald sterben werde, und von seiner Wut auf seine Eltern. Daraufhin erzählt ihm Mamie-Rose eine Geschichte aus ihrer Karriere als Catcherin. Eine scheinbar unbezwingbare Konkurrentin, die stets aufgrund ihres geölten

Körpers das Turnier von Béthune gewann, haben sie und ihre Freunde besiegt, indem sie Mehl über ihren Körper warfen, wodurch das Öl verklumpte und sie angreifbar wurde. Dem verständnislosen Oscar veranschaulicht sie die Bedeutung: Es gäbe überall einen Sack Mehl, das heißt eine Lösung. Für Oscar sieht sie die Lösung, Gott zu schreiben. Als der Junge seinen Hass auf seine Eltern unterstreicht und er von seinem atheistischen Elternhaus erzählt, in dem lediglich der Weihnachtsmann eine Rolle spielt, ermutigt ihn Mamie-Rose nochmals, Gott all dies in einem Brief zu erzählen und ihn außerdem um einen Besuch zu bitten. Diese Besuche würden sich zwar nur in seinem Geiste abspielen, ihm aber dennoch sehr guttun.

Als sich Mamie-Rose schließlich von Oscar verabschiedet und er fragt, wann sie wiederkommen werde, kann der Junge es nicht verkraften, dass sie laut der Besuchsregelung von Doktor Düsseldorf nur zweimal die Woche kommen darf. Er bittet Mamie-Rose, den Arzt zu fragen, ob sie ihn nicht jeden Tag besuchen dürfe. Oscar hat erkannt, wie krank er ist und dass er Hilfe braucht. Schon wenig später kommt Mamie-Rose mit der Erlaubnis zurück, zwölf Tage lang täglich bei ihm vorbeikommen zu dürfen. Oscar weint, auch weil er anhand der zeitlichen Vorgabe erkennt, wie schlecht es um ihn steht. Um die Situation zu erleichtern, erzählt die alte Dame Oscar von einer Legende, nach der man in den letzten zwölf Tagen des Jahres – es ist der 19. Dezember – das Wetter für die zwölf Monate des folgenden Jahres vorhersagen könne. In Anlehnung an die Legende soll nach Mamie-Roses Plan von nun an jeder der zwölf folgenden Tage für zehn Jahre stehen, sodass Oscar ein Leben von über hundert Jahren vor sich hat. Nachdem Oscar am Morgen des zweiten Tages geboren worden war, hat er am Abend des gleichen Tages, als er seine Korrespondenz beendet, das Alter von zehn Jahren erreicht. Als Abschluss seines Briefes bittet er Gott um einen Besuch.

Dritter Brief

Der dritte Brief handelt von Oscars Jugend. Da er wegen Mädchen Probleme mit seinen Freunden und seinen Eltern hat, erlebt er seine Pubertät als eine sehr unangenehme Phase.

Als Mamie-Rose am Morgen an seinem Bett sitzt und eine weitere Catch-Geschichte erzählt hat, fragt sie Oscar, welche der Mädchen aus dem Krankenhaus er möge. Oscar nennt Peggy Blue, ein Mädchen, das aufgrund einer Blutkrankheit eine bläulich verfärbte Haut hat und nun auf ihre Operation wartet. Oscar bedauert den anstehenden Eingriff, weil er Peggy Blue hübsch findet, so wie sie ist. Er hat den Eindruck, dass sie von Licht und Schweigen umgeben sei und er in eine Kapelle eintrete, wenn er sich ihr nähere. Er hat ihr dies aber noch nicht gesagt, da er fürchtet, dass sie ihn gar nicht bemerkt hat oder ihn nicht attraktiv finden könnte. Auf Mamie-Roses Nachfrage nach seinen Gefühlen für das Mädchen antwortet er, dass er sie vor den Gespenstern beschützen möchte, die nachts die Patienten aufweckten. Er hat Peggy Blue mehrmals nachts schreien hören. Mamie-Rose ermutigt ihn, trotz des nächtlichen Verbots, das Zimmer zu verlassen, um dem Mädchen in der Nacht einen Besuch abzustatten.

Als Oscar um zehn Uhr vormittags fünfzehn geworden ist, begibt er sich nach erneuter Ermunterung von Mamie-Rose zu Peggy Blue und bietet ihr an, vor ihrem Zimmer zu wachen, um sie vor Gespenstern zu schützen. Sie sieht ihn an und schweigt. In diesem Moment erscheint Pop Corn in der Tür und behauptet, dass er Peggy Blue bewache und mit ihr befreundet sei. Peggy erwidert nichts, und Pop Corn befördert Oscar aus Peggys Zimmer. Er rät Oscar, es mit Sandrine zu versuchen, da Peggy ihm gehöre. Er sei vorher dagewesen, aber wenn er wolle, könnten sie sich auch um das Mädchen schlagen.

Oscar ist müde und verlässt den Raum, um in das Spielzimmer zu gehen. Dort befindet sich die ebenfalls leukämiekranke Sandrine. Diese bietet ihm auf der Stelle an, sich von ihm küssen zu lassen, und streckt ihm ihre Lippen entgegen. Da Oscars Freunde hinter ihm stehen, gibt es für ihn kein Zurück. Der Kuss erweist sich für ihn als ziemlich unangenehm, weil er nass ist und ihm Sandrine überdies ihren Kaugummi unterschiebt. Darüber hinaus kommen seine Eltern ausgerechnet just in diesem Moment zu ihrem sonntäglichen Besuch vorbei. Sogleich bitten sie ihn darum, ihnen seine Freundin vorzustellen.

Oscar verbringt den Nachmittag schließlich mit seinen Eltern. Anstatt mit ihm zu reden, bringen sie ihm Geschenke mit und vertreiben die Zeit damit, Spielregeln und Gebrauchsanweisungen der geschenkten Spielzeuge zu lesen. Oscar ist darüber wütend. Als er sie auf ihren Besuch vom Vortag anspricht, leugnen sie alles. Selbst als Oscar ihnen berichtet, dass ihr Auto auf dem Parkplatz gesehen wurde, bestreiten sie den Vorfall und behaupten, dass es viele solcher Autos gebe. Nachdem er durch Musikhören weitere Kommunikation vermieden hat, wird Oscar müde. Beim Abschied spürt Oscar, dass seine Eltern ihm etwas sagen wollen, es ihnen aber nicht gelingt. Seine Mutter nimmt ihn abschließend in den Arm und sagt ihm, dass sie ihn sehr liebe.

Oscar schläft danach ein. Als er wieder erwacht, sitzt Mamie-Rose an seinem Bett, der er seine Erlebnisse berichtet. Sie ist überzeugt, dass Pop Corn nur geblufft hat und ermutigt ihn mit einer weiteren Catch-Geschichte, noch einmal zu Peggy Blue zu gehen und ihr seine Gefühle offenzulegen. So sucht Oscar das Mädchen auf, spielt ihr den Schneeflockenwalzer vor und macht ihr Komplimente. Daraufhin spricht Peggy Blue das erste Mal zu ihm: Sie bekundet den Wunsch, dass Oscar sie vor den Gespenstern beschützen solle, und fordert ihn zu einem Kuss auf. Diesmal erlebt Oscar den Kuss als sehr gefühlvoll.

In den letzten Zeilen seines Briefes zieht Oscar ein Resümee seiner Jugend: Die Pubertät ist eine schwierige Zeit, aber mit zwanzig Jahren wird vieles einfacher. Am Ende bittet er Gott, ihm eine Heirat mit Peggy zu ermöglichen.

Vierter Brief

Der vierte Brief stammt vom 21. Dezember und handelt von Oscars Dasein als „Twen". Mittlerweile hat er Peggy Blue geheiratet. Die Entscheidung, Nachwuchs zu bekommen, haben sie auf später verschoben.

Oscar präzisiert die Ereignisse der vergangenen Nacht. Um ein Uhr nachts hört er Peggy Blue wegen der Gespenster schreien. Als er zu ihr geht, stellt er fest, dass die Schreie gar nicht von ihr stammen. Stattdessen ist es sein Freund Bacon, der an den Schmerzen seiner Verbrennungen leidet und sich stöhnend im Bett wälzt. Während Oscar gedacht hat, dass die Schreie von Peggy kämen, hat das Mädchen ihrerseits geglaubt, dass sie von Oscar stammen würden. Beide erkennen, dass sie schon lange Zeit aneinander denken. Schließlich fragt ihn Peggy Blue, ob er die Nacht mit ihr verbringen möchte, und Oscar ist einverstanden. Er geht zu ihr ins Bett, sie schlafen viel, träumen miteinander, umarmen sich und erzählen sich ihr Leben. Am nächsten Morgen findet sie die Oberschwester zusammen, die mit der Nachtschwester in Geschrei ausbricht.

Erst Mamie-Rose bringt den Aufruhr zum Stillstand. Sie herrscht die Schwestern an, die Kinder in Frieden zu lassen und ruhig zu sein. Die Regelungen des Krankenhauses sind ihr egal.

Nachdem Oscar etwas geschlafen hat, unterhält er sich mit Mamie-Rose. Oscar bejaht, dass es ihm mit Peggy Blue ernst sei und berichtet von der vergangenen Nacht mit ihr. Er hat sich mit dem Mädchen vermählt und alles getan, was verheiratete Paare tun. Küsse, Streicheln, all das hat ihm gefallen, nur vor dem Zungenkuss hatten sie beide Angst, weil sie dadurch eine Schwangerschaft befürchteten. Anschließend schläft Oscar wieder ein bisschen und ist danach erstaunt, wie müde er teilweise an diesem Tag gewesen ist. Mamie-Rose beruhigt ihn, dass zwischen 20 und 25 Jahren Erschöpfung völlig normal sei, weil man viel ausgehe und feiere.

Danach fragt Mamie-Rose Oscar, ob er Gott treffen wolle, und führt ihn in eine Kapelle auf dem Krankenhausgelände. Als der Junge den leidenden Jesus am Kreuz mit blutendem Kopf und Dornenkranz sieht, ist er schockiert. Er fühlt sich an sich selbst erinnert und meint, dass er, wenn er Gott wäre, so etwas nicht mit sich machen lassen würde. Daraufhin fragt ihn Mamie-Rose, welchem Gott er sich näher fühlen würde: einem, der nichts empfinde, oder einem, der leide. Oscar spricht sich für den leidenden Gott aus, aber auch dafür, dass er an Gottes Stelle das Leiden verhindern würde. An dieser Stelle erklärt ihm Mamie-Rose, dass niemandem das Leiden erspart bliebe: weder Gott, ihm, seinen Eltern, noch ihr. Zugleich verdeutlicht sie ihm, dass es zwei Formen des Leidens gibt, nämlich das körperliche und das seelische Leiden. Während man das körperliche Leiden ertragen müsse, wähle man das seelische selbst. Es hinge von der eigenen Person ab, ob die Vorstellung vom Tod schmerzvoll sei oder nicht. Zur Veranschaulichung erzählt Mamie-Rose von ihrer Mutter, die auf dem Totenbett gelächelt und dem Tod erwartungsfroh entgegengesehen hat. Als Gegenbeispiel berichtet sie von einer Rivalin beim Catchen. Diese wollte nicht sterben und hat sich stets dem Tod widersetzt, ist aber schließlich doch gestorben, wobei ihr der Gedanke an den Tod das Leben verdorben hat. Mamie-Rose folgert, dass die Menschen nur deshalb Angst vor dem Tod hätten, weil sie das Ungewisse fürchteten. Sie rät Oscar daher, keine Angst, sondern Vertrauen zu haben, und verdeutlicht am Beispiel Jesu, der kein seelisches Leiden empfindet, den Gewinn des Glaubens. Oscar verspricht daraufhin, sich zu bemühen, Vertrauen zu gewinnen. Nach der Rückkehr von der Kapelle schläft er lange und erklärt Mamie-Rose beim Aufwachen, dass er keine Angst vor dem Ungewissen habe.

Später trinkt Oscar mit Mamie-Rose und Peggy Blue einen Tee, wobei die alte Dame sie mit einer weiteren Catch-Geschichte unterhält. Die Nacht wollen Oscar, der mittlerweile das Alter von 30 Jahren erreicht hat, und Peggy Blue wieder miteinander verbringen. Er hat ihr versprochen, in der Nacht auf Zungenküsse zu verzichten, denn Kinder haben sei nicht alles, da man auch die Zeit haben müsse, sie großzuziehen. Abschließend bittet Oscar Gott, dass die am nächsten Tag anstehende Operation von Peggy gut verlaufe, beziehungsweise darum, dass Peggy das Ergebnis gut aufnehme.

Fünfter Brief

Den fünften Brief schreibt Oscar in seinen Jahren als Dreißiger, die er das Alter der Sorgen und der Verantwortung nennt.

Die Nacht vor der Operation hat Oscar nicht mit Peggy verbringen können, weil sie auf den bevorstehenden Eingriff vorbereitet wurde. Am nächsten Morgen, als die Operation stattfindet, steht Mamie-Rose dem Jungen bei. Oscar fragt, wie Gott Menschen wie Peggy Blue und ihn und vor allem ihre Krankheit zulassen könne. Mamie-Rose entgegnet, dass es ein Glück sei, dass Gott sie geschaffen habe und dass Krankheit eine Tatsache und keine Bestrafung sei. Oscar meint, dass man merke, dass sie nicht krank sei. Aber durch Mamie-Roses folgende Reaktion – sie fragt ihn, ob er das so genau wissen könne – wird ihm bewusst, dass auch sie Probleme haben könnte. Als Ausweg aus ihren möglichen Schwierigkeiten bietet er ihr an, sie – wie bereits seinen Teddy Bernard – zu adoptieren, und sie willigt ein.

Danach bereiten sie Peggy Blues Zimmer für ihre Rückkehr vor. Am Ende des Nachmittags erfahren sie, dass Peggys Operation geglückt ist. Peggy Blues Eltern kommen, und Oscar geht in ihr Krankenzimmer, um dann gemeinsam mit ihr und ihren Eltern den Tag zu verbringen. Beim Abschied vertrauen ihm Peggys Eltern ihre Tochter an. Danach wartet Oscar an ihrem Bett, bis sie erneut aufwacht. Die Bilanz des Tages ist für Oscar so positiv, dass er an diesem Tag keinen Wunsch äußert.

Sechster Brief

Der sechste Brief handelt von Oscars Erfahrungen im Alter von 40 bis 50 Jahren.

Pop Corn schickt Sandrine (die „Chinesin“) zu Peggy Blue, die von ihrem Kuss mit Oscar erzählt. Peggy Blue trennt sich daraufhin von Oscar. Obwohl er versucht, ihr klarzumachen, dass die Begebenheit eine Jugendsünde war und vor ihrer Beziehung lag, lässt sich Peggy Blue nicht von ihrer Entscheidung abbringen und freundet sich aus Rache sogar mit Sandrine an. Danach lässt sich Oscar überall von der mongoloiden Brigitte küssen, was sein Freund Einstein beobachtet und weitererzählt. Von nun an sieht ihn die ganze Krankenhausstation als Schürzenjäger an.

Als Oscar Mamie-Rose von diesen Erlebnissen berichtet, tröstet sie ihn damit, dass er sich in der Midlife-Crisis befinde. Sie bringe die Männer in seinem Alter dazu, noch einmal zu überprüfen, ob sie anderen Frauen gefallen könnten. Doch Oscar liebt nur Peggy Blue, sodass ihm Mamie-Rose rät, ihr seine Liebe zu versichern und um ihre Beziehung zu kämpfen.

Schließlich wird Oscar sich bewusst, dass am bevorstehenden Weihnachtstag Gott Geburtstag hat. Er wünscht sich von Gott, dass er sich mit Peggy versöhnt, weil er sehr traurig ist.

Siebter Brief

Im siebten Brief beschreibt Oscar den Weihnachtstag.

Am Morgen des Weihnachtstages versöhnt er sich zunächst mit Peggy. Er sagt ihr, dass er nur sie liebe und sich ein Leben ohne sie nicht vorstellen könne. Das Mädchen ist gerührt und bekundet auch Oscar ihre Liebe. Die beiden – Oscar hat mittlerweile ein Alter von über 50 Jahren erreicht – weinen zusammen, und die Situation wandelt sich ins Positive.

Den Heiligen Abend kann Oscar nicht mit Peggy Blue verbringen, weil sie ihre Familie in ihrem Krankenhauszimmer zu Gast hat und weil er seine Eltern erwartet. Die Aussicht auf das bevorstehende Weihnachtsfest mit seinen Eltern ist für Oscar unerträglich. Aus diesem Grunde ersinnt er einen Fluchtplan. Er vermacht seine Habseligkeiten seinen Freunden Einstein, Bacon und Pop Corn, damit diese ihm bei der Flucht helfen.

Nach dem Abschied von Mamie-Rose kleiden seine Freunde ihn zügig an und bringen ihn zu derem Wagen. Pop Corn bricht die Hintertür auf, und Oscar versteckt sich auf dem Boden zwischen der Vorder- und Hinterbank des Autos. Als Mamie-Rose kommt und den Wagen anlässt, bemerkt sie Oscar nicht. Die Fahrt ist rasant und holprig: Mamie-Rose beachtet keine Verkehrsregeln, hupt und schimpft über die anderen Verkehrsteilnehmer. Während der Autofahrt schläft der Junge ein und wacht erst wieder auf, als er sich frierend und allein im dunklen Auto befindet. Er verlässt den Wagen und klingelt an Mamie-Roses Tür, wo er zusammenbricht. Als sie ihn findet, ist sie sehr erstaunt und begrüßt ihn freundlich. Nachdem er sich aufgewärmt und sie ihm eine heiße Schokolade angeboten hat, erzählt sie ihm, dass ihn alle im Krankenhaus suchten und dass seine Eltern verzweifelt seien und die Polizei verständigt hätten. Oscar ist sehr verärgert über die Reaktion seiner Eltern. Er wirft ihnen vor, Angst vor ihm zu haben und nicht mit ihm reden zu wollen. Mamie-Rose verdeutlicht ihm, dass seine Eltern nicht Angst vor ihm, sondern vor der Krankheit hätten, und dass sie ihn liebten und traurig seien, dass sie sich nicht so gut mit ihm verstünden wie sie beide. Als Oscar darauf mit Schulterzucken reagiert, spricht sie mit ihm noch einmal über den Tod. So wie er würden auch seine Eltern sterben, nur mit der schlimmen Belastung, sich nicht mit ihrem einzigen Kind versöhnt zu haben. Sie betont abermals, dass sie alle sterben würden, worauf Oscar entgegnet, dass er vorher gehen werde. Da fragt ihn Mamie-Rose, ob ihm das das Recht gebe, alle anderen zu vergessen. Oscar hat verstanden und bittet Mamie-Rose, seine Eltern anzurufen.

Schließlich kommen Oscars Eltern zu Mamie-Rose, um mit ihrem Sohn und der alten Dame Weihnachten zu verbringen. Bei ihrer Ankunft entschuldigt sich Oscar bei ihnen mit den Worten, dass er vergessen habe, dass auch sie eines Tages sterben würden. Dieser Satz löst die Blockade zwischen ihm und seinen Eltern, denn sie verhalten sich wie vorher, und alle feiern ein schönes Weihnachtsfest zusammen. Sie sehen vor dem Mitternachtsgottesdienst ein Catch-Turnier im Fernsehen an, das Oscar sehr amüsiert. Schließlich legt er sich in das Bett von Mamie-Roses ältestem Sohn schlafen.

Zum Abschluss des Briefes gratuliert er Gott zum Geburtstag und sagt, dass Mamie-Rose seine Versöhnung mit seinen Eltern als ein gutes Geburtstagsgeschenk ansehe. Oscar wünscht sich von Gott, dass seine Eltern und er immer wie an diesem Abend blieben, der ihm sehr gefallen hat.

Achter Brief

Im achten Brief hat Oscar nun sein siebtes Lebensjahrzehnt erreicht und hat den Eindruck, für die Ausschweifungen des letzten Tages büßen zu müssen. Er fühlt sich nicht gut, denn das Reisen hat ihn angestrengt und er ist froh, wieder im Krankenhaus zu sein.

Bei Mamie-Rose hat er eine Statue entdeckt, die ihn mit ihrem zarten Gesicht und ihrer blauen Kleidung und Haut an Peggy Blue erinnert. Mamie-Rose hat sie ihm mitgegeben, und so steht sie nun auf seinem Nachttisch.

Seiner Freundin Peggy Blue geht es inzwischen besser. Sie kommt ihn besuchen, und auch wenn sie sich nicht in der Statue wiedererkennt, verbringen sie dennoch schöne Momente zusammen und schwelgen in Erinnerungen.

Oscar bricht den Brief dann ab, weil ihm der Stift zu schwer wird, und bittet Gott um einen Besuch.

Neunter Brief

Mittlerweile hat Oscar das Alter zwischen siebzig und achtzig Jahren erreicht und denkt viel nach.

Zunächst berichtet er Gott von dem Weihnachtsgeschenk, das ihm Mamie-Rose gegeben hat: eine Pflanze aus der Sahara, die ihr ganzes Leben an einem Tag durchläuft. Sie wird am Morgen gegossen, sodass sie über den Tag Knospen treibt, Blätter bekommt und blüht, bis sie verwelkt und abends verdorrt ist. Oscar verfolgt die Existenz der Pflanze, die ihn sehr bewegt.

Mit Peggy Blue liest er in einem medizinischen Lexikon, wundert sich allerdings, dass darin nicht die Einträge „Leben“, „Tod“, „Glaube“ und „Gott“ zu finden sind. Mamie-Rose erklärt ihm daraufhin, dass er dazu ein philosophisches Lexikon verwenden müsse. Zugleich äußert sie jedoch die Befürchtung, dass ihn die Ideen, die dort stünden, zugleich enttäuschen könnten, da die interessantesten Fragen Fragen blieben und keine endgültige Antwort hätten. Für „Leben“ etwa gebe es mehrere Lösungen.

Schließlich kommt Doktor Düsseldorf zu Oscar. Angesichts der unverändert niedergeschlagenen Miene spricht Oscar den Arzt an und fordert ihn auf, nicht so zu schauen. Es sei nicht seine Schuld, Menschen schlechte Nachrichten bringen zu müssen. Er sei nicht Gott und bestimme nicht die Natur. Aus diesem Grunde solle er sich entspannen und sich nicht zu wichtig nehmen, sonst könne er seinen Beruf nicht mehr lange ausüben. Der Arzt ist verblüfft, lächelt dann und gibt Oscar dankend recht.

Am Ende des Briefes bekräftigt Oscar seinen Wunsch nach einem Besuch von Gott.

Zehnter Brief

Im zehnten Brief schreibt Oscar über seine Trauer. Peggy Blue ist zu ihren Eltern zurückgekehrt, und er weiß, dass er sie nie mehr wiedersehen wird. Ohne Peggy fühlt er sich allein. Müde liegt er in seinem Bett und verdammt das Altern. Er sagt Gott, dass er ihn heute nicht mehr liebe.

Elfter Brief

Oscar hat nun ein Alter von neunzig Jahren erreicht, und zu diesem Zeitpunkt geschieht das, was er sich lange gewünscht hat: Gott erscheint ihm.

Als er aufwacht, schaut er aus dem Fenster. Er sieht die Nacht gehen und den Morgen kommen. Da begreift Oscar, dass Gott unermüdlich arbeitet, um Tage, Jahreszeiten und Menschen zu schaffen: Er fühlt die Existenz Gottes. Ebenso erkennt er das Geheimnis Gottes: die Welt jeden Tag so zu betrachten, als ob es das erste Mal sei. So folgt Oscar Gottes Rat und betrachtet das Licht, die Farben, die Natur und die Tiere. Dabei spürt er sich atmen und leben: Er erfährt das Glück des Daseins und ist verzückt. Für das Gefühl, von Gott an die Hand genommen und zu diesem Geheimnis geführt worden zu sein, ist er sehr dankbar. Er wünscht sich von Gott die gleiche Erfahrung für seine Eltern, aber auch für Peggy.

Zwölfter Brief

Im zwölften Brief, in dem er hundert Jahre geworden ist, schreibt Oscar, dass er viel schlafe, aber sich gut fühle.

Er berichtet davon, wie er seinen Eltern das sonderbare Geschenk des Lebens erklärt hat. Anfangs unterschätzt man das Leben, da man es als ewig ansieht. Später unterschätzt man es, weil man es als schlecht und zu kurz empfindet. Schließlich wird man sich der Tatsache bewusst, dass das Leben kein Geschenk, sondern eine Leihgabe ist, weswegen man versucht, es zu verdienen. An diesem Punkt ist Oscar mit hundert Jahren angelangt. Er weiß nicht, ob er seine Eltern wirklich überzeugen konnte und bittet Gott abermals, sie zu besuchen.

Dreizehnter Brief

Der letzte Brief von Oscar ist sehr kurz. Er ist mittlerweile hundertzehn Jahre alt und glaubt, im Sterben zu liegen.

Vierzehnter Brief

Der letzte Brief des Werkes stammt von Mamie-Rose und ist ebenfalls an Gott gerichtet. Sie berichtet darin von Oscars Tod. Während der halben Stunde, in der sie mit seinen Eltern einen Kaffee getrunken hat, ist er gestorben. Sie hat den Eindruck, dass er auf diesen Moment gewartet habe, um sie zu schonen.

Mamie-Rose ist sehr traurig und bewahrt die Erinnerung an den Jungen in ihrem Herzen. Ihre Tränen beabsichtigt sie bis zum Ende des Tages für sich zu behalten, denn sie will ihren Schmerz nicht mit der nicht zu übertreffenden Trauer seiner Eltern vergleichen.

Die alte Dame dankt Gott für ihre Begegnung mit Oscar. Dank des Jungens ist sie lustig gewesen, hat gelacht und Freude erfahren, hat Geschichten erfunden und sich sogar auf das Catchen verstanden. Er hat ihr geholfen, an Gott zu glauben, und hat ihr viel gegeben.

Abschließend berichtet Mamie-Rose, dass Oscar drei Tage vor seinem Tod ein Schild auf seinen Nachttisch gestellt hat, auf dem gestanden hat, dass allein Gott das Recht habe, ihn aufzuwecken.

Übersicht über den Inhalt

Briefe an Gott	Inhalt	Zeitliche Abfolge Datum, Tag von Oscars neuer Existenz
von Oscar	Oscars Leben	
1	• Oscars Leben im Krankenhaus • Unterhaltung mit Mamie-Rose über seinen Tod • Vorschlag von Mamie-Rose, Briefe an Gott zu schreiben	18. Dezember
2	• Belauschen des Gesprächs zwischen Doktor Düsseldorf und seinen Eltern über seinen bevorstehenden Tod • Versteck im Besenschrank • Mamie-Roses Ermunterung, Gott um einen Besuch zu bitten • Erwirken einer täglichen Besuchsregelung von Mamie-Rose für die nächsten zwölf Tage • Beginn der Umsetzung von Mamie-Roses Legende, nach der jeder Tag für zehn Lebensjahre steht → Oscars neue Existenz	19. Dezember, 1. Tag Oscars Geburt und Kindheit (Alter: 0–10)
3	• Liebe zu Peggy Blue • Besuch von Peggy Blue und Konkurrenz mit seinem Freund Pop Corn • Kuss mit Sandrine • Zusammenfinden mit Peggy Blue	20. Dezember, 2. Tag Oscars Jugend und Pubertät (Alter: 10–20)
4	• Hochzeit und gemeinsame Nacht mit Peggy Blue • Gang zur Krankenhauskapelle mit Mamie-Rose • Betrachtung der Jesusstatue am Kreuz • Unterhaltung über Leiden, Tod und Glaube mit Mamie-Rose	21. Dezember, 3. Tag Oscar als Twen (Alter: 20–30)
5	• Peggy Blues Operation • Unterhaltung über Krankheit mit Mamie-Rose • Adoption von Mamie-Rose	22. Dezember, 4. Tag (Alter: 30–40)

6	• Peggy Blues Trennung von Oscar aufgrund der Jugendsünde mit Sandrine • Oscars Zärtlichkeiten mit Brigitte • Gespräch über die Midlife-Crisis mit Mamie-Rose	23. Dezember, 5. Tag Oscars Midlife-Crisis (Alter: 40–50)
7	• Versöhnung mit Peggy Blue • Flucht aus dem Krankenhaus zu Mamie-Rose • Gespräch über Krankheit und Tod mit Mamie-Rose • Oscars Weihnachtsabend mit seinen Eltern bei Mamie-Rose • Versöhnung mit seinen Eltern	24. Dezember, 6. Tag (Alter: 50–60)
8	• Rückkehr ins Krankenhaus • Zeit mit Peggy Blue	25. Dezember, 7. Tag (Alter: 60–70)
9	• Gespräch über existenzielle Fragen wie das Leben mit Mamie-Rose • Gespräch mit Doktor Düsseldorf über dessen Schuldlosigkeit an seinem bevorstehenden Tod	26. Dezember, 8. Tag (Alter: 70–80)
10	• Abreise von Peggy Blue zu ihren Eltern • Oscars Traurigkeit	27. Dezember, 9. Tag (Alter: 80–90)
11	• Erscheinung Gottes • Erkenntnis des Geheimnisses Gottes und des Glücks des Daseins	28. Dezember, 10. Tag (Alter: 90–100)
12	• Oscars Gespräch mit seinen Eltern über das sonderbare Geschenk des Lebens	29. Dezember, 11. Tag (Alter: 100–110)
13	• Oscars Gefühl vom Beginn des Todes	30. Dezember, 12. Tag (Alter: 110–120)
von Mamie-Rose	Oscars Tod	
14	• Oscars Tod • Mamie-Roses Schmerz und Trauer • Ihre Dankbarkeit, Oscar gekannt zu haben und sich durch ihn Gott angenähert zu haben	31. Dezember

Textanalyse und Interpretation

1 Aufbau und Textstruktur

Inhaltlicher Aufbau

Die Erzählung *Oscar et la dame rose* besteht aus vierzehn Briefen, wobei die ersten dreizehn Briefe von Oscar stammen und der letzte von Mamie-Rose geschrieben ist (siehe hierzu und zu den folgenden Ausführungen auch die Übersicht über den Inhalt). Der erste und der letzte Brief bilden die **Rahmenhandlung** des Werkes, während die dazwischenliegenden Briefe die **Binnenhandlung** und gleichzeitig den **Hauptteil** der Erzählung darstellen.

Der **erste Brief** kann als eine Art **Exposition** angesehen werden, in welcher Oscar, der Erzähler, in Umstände, Ort und Zeit einführt. Oscar beschreibt seinen Gesundheitszustand, die Situation und Umgebung im Krankenhaus, seine Beziehung zu seinen Eltern und die Bedeutung von Mamie-Rose. Außerdem steht dieser Brief zu Beginn von etwas Neuem, dem Beginn von Oscars Weg zum Glauben. Mamie-Rose macht Oscar den **Vorschlag, Briefe an Gott** zu schreiben (vgl. S. 15, Z. 7), da er auf diese Weise Gedanken, die ihn belasten, mitteilen könne (vgl. S. 16, Z. 14–19). Die Strukturierung des Werkes in Briefe statt in Kapitel fußt auf diesem Vorschlag von Mamie-Rose.

Der Hauptteil des Werkes, die Briefe zwei bis dreizehn, ist von einer weiteren, im Brief zwei geäußerten Idee von Mamie-Rose geprägt, der **Vorstellung einer neuen Existenz**: Von nun an sollen für Oscar jeder der zwölf kommenden Tage für zehn Jahre stehen (vgl. S. 32, Z. 8–22), was ihm die Möglichkeit eines mehr als hundertjährigen fiktiven Daseins verschafft. Die **Briefe zwei bis dreizehn** (an jedem Tag schreibt Oscar genau einen Brief) handeln in chronologischer Folge jeweils von einem Zeitraum von zehn Jahren, der sich teils auch mit bestimmten **Lebensphasen** betiteln lässt. Von der Geburt über die Kindheit, von der Jugend mit ihren Liebesirrungen, dem Dasein als Twen und junger Erwachsener mit Hochzeit und Ehe, der Ära der Midlife-Crisis bis zum Alter und Greisendasein – Oscar durchlebt alle Phasen mit ihren grundlegenden positiven und kritischen Momenten. Am Ende dieser Lebensphasen steht der Tod, dem der Junge nach einem erfüllten Leben ruhig und zufrieden entgegensehen kann.

Der zweite bedeutende Handlungsstrang des Hauptteils ist Oscars **Annäherung an Gott**. Grundlage dafür bilden Oscars Briefe an Gott, in denen der Junge sein Innerstes mitteilen und sich so erleichtern kann. Gott ist Ansprechpartner und Projektionsfläche seiner Wünsche, Träume und Ängste. Ihm erzählt Oscar sein neues Leben in allen Phasen und Details, einschließlich seiner Ängste und dunklen Momente. Aus der Korrespondenz geht hervor, dass die Entwicklung von Oscars Glauben an Gott durch mehrere bedeutende Ereignisse positiv beeinflusst wird. Eines dieser entscheidenden Erlebnisse ist der Gang zur Krankenhauskapelle mit Mamie-Rose, eine weitere Begebenheit stellt Oscars Versöhnung mit seinen Eltern dar, die mit einem religiösen Ereignis, dem Weihnachtsfest, zusammenfällt. Der Höhepunkt ist die Erscheinung Gottes am Ende seines Lebens, die einer der Hauptgründe dafür ist, dass der Junge ruhig sterben kann. Mit seinem unmittelbar bevorstehenden Tod enden Oscars Briefe an Gott.

Der **letzte Brief** stammt von **Mamie-Rose** und führt den Leser in die **Rahmenhandlung** zurück. Indem sie vom Tod des Jungen berichtet, schließt sie die Erzählung ab.

Zeit und Ort der Handlung

Entsprechend der Rahmen- und Binnenhandlung weist die **Zeitstruktur** zwei Ebenen auf. Die **Rahmenhandlung**, also Oscars eigentliche Existenz im Krankenhaus bis zu seinem Tod, umfasst einen Zeitraum von vierzehn Tagen. Sie bildet die **äußere Zeitebene**. Diese Ebene, die mit dem 19. Dezember beginnt und am 31. Dezember aufhört, hat Symbolcharakter. So umfasst sie einerseits die Weihnachtszeit und das Weihnachtsfest, also die Ankunft und Geburt Jesu, die den Beginn von Oscars Glauben symbolisiert. Anderseits endet die Ebene am Silvestertag, dem letzten Tag des Jahres, der zugleich Oscars Todestag ist.

Die **Binnenhandlung**, Oscars neues Leben, das vom zweiten bis zum dreizehnten Brief beschrieben wird, nimmt zwölf Tage ein. Mit diesem neuen Leben wird eine **innere Zeitebene**, die bereits erläuterte Aufteilung in Dekaden und Lebensphasen, eingeführt.

Den **Ort** der Handlung bildet das **Krankenhaus**, in dem sich Oscar aufhält. Bis auf eine Ausnahme, nämlich Oscars Flucht zu Mamie-Rose und das Weihnachtsfest in ihrem Haus, findet die Handlung ausschließlich im Bereich des Krankenhauses statt. Bedingt durch den Gesundheitszustand des Jungen spielt sich das Geschehen überwiegend in Oscars Zimmer ab. Doch Oscar verlässt sein Zimmer auch manchmal, was sich in seinem Gang zur Kapelle auf dem Krankenhausgelände, in seinem Versteck im Besenschrank auf dem Flur des Krankenhauses oder im Wechseln der Zimmer zu Peggy Blue und zu seinen anderen Freunden zeigt. Auch der Hauptteil der Erzählung, Oscars Imagination seines neuen Lebens, findet im Krankenhaus und nicht an einem anderen fiktiven Ort statt. Das Krankenhaus wird damit zum Makro- und Mikrokosmos des Geschehens.

2 Literarische Form

Oscar et la dame rose ist in ungebundener Rede geschrieben und zählt zur Gattung der **erzählenden Literatur** (Epik). Der Umfang verweist auf eine Kurzform, und so stuft auch der Autor selbst *Oscar et la dame rose* als „récit“, als **Erzählung**, ein.[7]

Obwohl das Werk für einen Roman zu kurz ist, weist es dennoch bestimmte Charakteristika dieser Großform auf. So verweist die Tatsache, dass es sich um eine Sammlung von Briefen handelt, auf den **Briefroman**, ein Genre, das in der französischen Literatur eine recht bedeutende Rolle spielt.[8] Der Adressat aller Briefe ist Gott. Er wird direkt angesprochen und in jedem Brief verabschiedet. Der Verfasser der Briefe eins bis dreizehn ist Oscar, die Verfasserin des letzten Briefes Mamie-Rose. Wenngleich keine wechselseitige Korrespondenz vorliegt, kommuniziert Gott dem Jungen seine Antworten auf andere Art und Weise, nämlich durch Geschehnisse oder seine Erscheinung.[9] Da die briefliche Hinterlassenschaft Oscars einseitig ist, könnte sie auch als **Tagebuch** angesehen werden.

Die Fokussierung auf die privaten Niederschriften einer Figur verleiht der Erzählung ein hohes Maß an Subjektivität. Die Handlung ist nach innen verlagert, sodass das schreibende Ich an seelischer Tiefe gewinnt. Durch die intime Selbstdarstellung wird der Leser zum Mitwisser von sehr persönlichen Gefühlen, die der Korrespondent einer ihm vertrauten Person, in diesem Falle Gott, offenlegt. So gewinnt der Leser einen tiefen Einblick in die Gefühlswelt des Protagonisten Oscar. Durch die Einseitigkeit der Korrespondenz, aufgrund derer Oscar keine wirklichen Antworten erhält, wird auch der Leser gezwungen zu reflektieren und über mögliche Antworten nachzudenken.

Die Erzählung weist auch Züge eines **Bildungsromans** auf, etwa den des ständigen Hinzulernens. So durchläuft Oscar alle Lebensphasen von seiner Kindheit bis zum hohen Alter und gewinnt durch verschiedene Erfahrungen zunehmend an Reife und Weisheit. Die Figur der Mamie-Rose, die Oscar durch seine Entwicklung begleitet und führt, kann als ein für den Bildungsroman typischer Mentor angesehen werden.

Darüber hinaus lässt sich die Frage stellen, ob das Werk *Oscar et la dame rose* Eigenschaften eines **„conte philosophique"** besitzt. Der *conte* an sich ist eine Kurzform der Erzählliteratur, häufig eine Erzählung über imaginäre Abenteuer, in der Menschen mit der übersinnlichen Welt, beispielsweise mit Göttern, zusammentreffen. Der *conte philosophique*, der im 18. Jahrhundert von den Philosophen der Aufklärung geprägt wurde, möchte zudem philosophische Ideen und Konzepte vermitteln. Die Tatsache, dass in *Oscar et la dame rose* der Protagonist imaginäre Abenteuer erlebt, in denen er auf die Welt des Spirituellen, nämlich auf Gott trifft, spricht dafür, dass das Werk allgemeine Züge des *conte* aufweist. Auch für den *conte philosophique* lassen sich einige Anhaltspunkte auffinden. So stehen im Werk existenzielle Fragen im Mittelpunkt: die Fragen nach Leben, Krankheit, Tod und Glauben. Diese Fragen sind, typisch für die Werke des *Cycle de l'Invisible*, vor allem metaphysischer Natur. Diese metaphysischen Aspekte werden von Oscar und Mamie-Rose im Laufe des Werkes diskutiert – wenn auch nicht auf einer tiefgehend philosophischen Ebene, sondern auf einem Niveau, das durch seine Einfachheit einem zehnjährigen Jungen gerecht wird und dem der gewöhnliche Leser, dem philosophische Fragestellungen fremd sind, leicht folgen kann. Auch Oscars abenteuerliche Reise zu Mamie-Rose oder die derb-possenhaften Catch-Geschichten von Mamie-Rose sprechen für Anleihen aus dem *conte philosophique*: Autoren wie Voltaire binden ihre Helden – wie im Falle von Candide (1759) – gern in Abenteuergeschichten und -reisen ein, die äußerst humorvoll gestaltet sind. Trotz der Gemeinsamkeiten von Schmitts Werk und dem *conte philosophique* und trotz Schmitts Rolle als promoviertem Philosophen darf jedoch nicht vergessen werden, dass in *Oscar et la dame rose* letztendlich etwas anderes im Mittelpunkt steht, nämlich der bedingungslose Glaube an Gott und das Vertrauen in ihn, welche die kritisch zweifelnde, reflektierende philosophische Haltung überstrahlen.

Wirft man einen näheren Blick auf *Oscar et la dame rose*, so ist weiterhin auffällig, dass ein großer Teil des Werkes von Dialogen durchsetzt ist, also gesprochene Sprache enthält. So lassen sich viele Gespräche zwischen Oscar und Mamie-Rose, aber auch einige zwischen ihm und seinen Freunden aus dem Krankenhaus, seinen Eltern und dem Krankenhauspersonal finden, was dem Werk eine sehr lebendige Wirkung verleiht, die den Leser mitreißt. Durch die Dialoge wird *Oscar et la dame rose* deutlich in die Nähe der Gattung des Dramas gerückt (siehe hierzu auch das folgende Kapitel „Erzählperspektive und Erzähltechnik“), sodass das Werk relativ unkompliziert in ein **Theaterstück** umgeschrieben werden könnte – zumal Oscars Gedanken als Monologe verfasst werden könnten. Dieses dramatische Potenzial wurde häufig dazu genutzt, das Werk tatsächlich als Schauspiel auf die Bühne zu bringen (siehe hierzu auch das Kapitel „Rezeption“).

Wenn das Werk *Oscar et la dame rose* auch allgemein als Erzählung einzuordnen ist, so trägt es dennoch Charakteristika anderer Formen der erzählenden Literatur in sich, etwa des Briefromans, des Tagebuchs, des Bildungsromans oder des *conte philosophique*, und weist sogar Verbindungen zum Drama auf. Diese Vielschichtigkeit macht das Werk zu einer ganz eigenen modernen Gattung und trägt damit zu seiner Faszination auf den Leser bei.

3 Erzählperspektive und Erzähltechnik

Der **Erzähler** des Werkes *Oscar et la dame rose* ist der Protagonist selbst: Oscar. Der Junge nimmt die Perspektive des Ich-Erzählers ein, wodurch das, was er weiß, begrenzt ist und er nur das erzählt, was er als Figur erlebt. So weiß Oscar nicht, dass er definitiv sterben wird, und erfährt es auch nur, weil er ein Gespräch zwischen seinem Arzt und seinen Eltern belauscht. Im letzten Brief wird Oscar als Erzähler von Mamie-Rose abgelöst, die sich ebenfalls als Ich-Erzählerin präsentiert.

Der Text ist dramatisch gestaltet. So findet sich an zahlreichen Stellen direkte Rede, meist ohne Kennzeichnung besonderer Satzzeichen und redeeinleitender Sätze. Die **direkte Figurenrede** tritt in *Oscar et la dame rose* immer dann auf, wenn sich Oscar mit einer anderen Figur unterhält. Sein häufigster Gesprächspartner ist dabei Mamie-Rose. Die Gespräche dieser beiden Figuren durchsetzen das gesamte Werk und nehmen teils seitenlange, fast ununterbrochen in direkter Rede verfasste Sequenzen ein. Die direkte autonome Figurenrede zeigt sich bereits in der anfänglichen Unterhaltung zwischen Oscar und Mamie-Rose über seinen Tod und ihrem Vorschlag, an Gott zu schreiben (vgl. S. 14, Z. 5–S. 17, Z. 19). Eine weitere signifikante Textstelle für fast ununterbrochene direkte Rede ist Oscars und Mamie-Roses Auseinandersetzung über Leiden und Glaube in der Krankenhauskapelle (vgl. S. 55, Z. 16–S. 60, Z. 2).

Neben der direkten Rede ist der **innere Monolog** ein weiteres Kennzeichen für einen Text, der in der Ich-Perspektive geschrieben ist. Bei *Oscar et la dame rose* ist er immer dann auffindbar, wenn der Junge zu sich selbst spricht und seine intimsten Gedankenvorgänge und Gefühle offenlegt. Als Oscar die Nachricht von seinem bevorstehenden Tod erfahren hat und Mamie-Rose ihn darüber informiert, dass sie von nun an für die folgenden zwölf Tage ausschließliches Besuchsrecht für ihn erhalten hat, weint der Junge vor Erleichterung und schreibt:

> *Là, je ne sais pas ce qui m'a pris, les larmes sont revenues et m'ont secoué. Pourtant je sais que les garçons ne doivent pas pleurer, surtout moi, avec mon crâne d'œuf, qui ne ressemble ni à un garçon, ni à une fille mais plutôt à un Martien. Rien à faire. Je pouvais pas m'arrêter. (S. 31, Z. 19–24)*

Im weiteren Verlauf der Erzählung häufen sich die inneren Monologe, und der Anteil der direkten Rede geht leicht zurück. Das signifikanteste Beispiel ist der elfte Brief, in dem Oscar die Erscheinung Gottes beschreibt. Wenngleich Oscar hier auch Gott anspricht, so ist der Anteil der Eigenreflexion dennoch sehr hoch. Durch die Darstellung subjektiver Gefühlszustände mithilfe innerer Monologe wird ein Identitätsgefühl beim Leser geweckt. Dieser hat den Eindruck, er erlebe selbst, was Oscar widerfährt. Der Perspektivwechsel im letzten Brief ermöglicht dem Leser außerdem, einen Einblick in Mamie-Roses Gefühlswelt und Sicht der Dinge zu gewinnen.

Wenngleich die **Zeitebene** eine gewisse Vielschichtigkeit aufweist, da sie in eine äußere Ebene (19.–31. Dezember) und eine innere Ebene (Oscars Lebensphasen) unterteilt werden kann (siehe hierzu auch das Kapitel „Aufbau und Textstruktur"), ist sie für den Leser leicht zu erfassen. Die Reihenfolge der erzählten Ereignisse kann grob als chronologisch bezeichnet werden, auch wenn es in Einzelfällen zu Rückblenden kommt.

4 Sprache und Stil

Auf den ersten Blick wirkt die Sprache der Erzählung *Oscar et la dame rose* stilistisch einfach. Dies ist zum einen dadurch begründet, dass der Erzähler ein zehnjähriger Junge ist, der sich der *langue des jeunes*, der **Jugendsprache**, bedient. Zum anderen erklärt sich der Sprachstil aber auch durch den Einbezug längerer dialogischer Passagen, in denen versucht wird, authentisch die **gesprochene Sprache** wiederzugeben.

Beispielhaft für die häufige Verwendung des *français familier* (das zuweilen auch in das hierarchisch noch tiefer stehende *français populaire* abgleiten kann) ist Oscars Beschreibung des Krankenhauses im ersten Brief:

> *L'hôpital, c'est un endroit super-sympa, avec plein d'adultes de bonne humeur qui parlent fort, avec plein de jouets et de dames roses qui veulent s'amuser avec les enfants, avec des copains toujours disponibles comme Bacon, Einstein ou Pop Corn, bref, l'hôpital, c'est le pied [...]. (S. 6, Z. 14–S. 7, Z. 3)*
>
> *Bref, ma greffe a beaucoup déçu ici. Ma chimio décevait aussi mais c'était moins grave parce qu'on avait avait l'espoir de la greffe. Maintenant, j'ai l'impression que les toubibs ne savent plus quoi proposer [...]. (S. 12, Z. 15–S. 13, Z. 1)*

Typische Ausdrücke aus dem Bereich des *français familier* finden sich vor allem bei Wertungen, wie etwa hier bei « super-sympa » oder « c'est le pied ». Des Weiteren sind Abkürzungen kennzeichnend (« chimio » statt « chimiothérapie ») oder die Verwendung spezieller Begriffe wie « toubib » statt « médecin », die zum Teil über Minderheitensprachen eindringen.

Durch den Gebrauch des *français familier* wird nicht nur die Authentizität eines zehnjährigen Jungen aufrechterhalten, sondern es wird zugleich auch den traurigen Themen von Krankheit und Unheilbarkeit ihre unerträgliche Schwere genommen und ihnen – zumindest sprachlich – etwas Leichtigkeit verliehen.

Ein weiterer Bereich, der mit zahlreichen Wörtern aus dem *français familier* belegt wird, ist der der Beschimpfungen. Oscar bezeichnet zum Beispiel an mehreren Stellen seine Eltern als « cons » (S. 28, Z. 6, 11; S. 72, Z. 7). Während der Gespräche zwischen Oscar und Mamie-Rose stellt sich heraus, dass der Sprachstil der alten Dame keineswegs höher ist als der von Oscar. Als sie in Anwesenheit des Jungen Ausdrücke wie « Merde ! » (S. 10, Z. 9) oder « [...] bouge-toi le cul ! » (S. 10, Z. 14) benutzt, spricht Oscar sie sogar auf ihre derbe Sprechweise an (vgl. S. 10, Z. 18). Auch während der Fahrt, als Oscar sich im Auto von Mamie-Rose versteckt, bemerkt der Junge, wie sie andere Autofahrer mit « mots terribles » bedenkt (S. 74, Z. 4–7).

Mamie-Roses Geschichten über ihre Erfahrungen als Catcherin bezeugen ein ähnliches Sprachniveau. Anstatt märchenhaft oder stilistisch ansprechend erzählt zu sein, sind sie einfach, derb und possenhaft. Aber die Geschichten haben eine wichtige Funktion: Sie sollen Oscar motivieren, weiterzukämpfen. Mamie-Rose streut stets dann eine ihrer Geschichten ein, wenn die Situation des Jungen besonders kritisch ist oder wenn existenzielle Fragen im Raum stehen. Auf die Nachricht seines bevorstehenden Todes erzählt sie Oscar die Geschichte von ihrem Sieg über ihre Konkurrentin Sarah Youp La Boum, um ihm Mut zu machen (siehe dazu auch das Kapitel „Charakterisierung der Figuren: Mamie-Rose“). Um Oscar den Vorteil von Jesus Überwindung des seelischen Leidens und der Angst vor dem Tod zu erklären, berichtet sie von ihrer Rivalin Plum Pudding, die sich in ihrer Ablehnung des Todes das ganze Leben verdorben habe (siehe das Kapitel „Interpretation von Schlüsselstellen“). In ihrer Anschaulichkeit vermitteln diese Geschichten – ähnlich wie die religiösen Gleichnisse Jesu – die komplexen Themen in simplen Botschaften. Indem Kompliziertes einfach zur Sprache gebracht wird, ist dem Ernsten durch Mamie-Roses Sprache Leichtigkeit und Humor entgegengesetzt.

Eine besondere Art von Humor, nämlich **Sarkasmus**, ist wiederum in Bezug auf die Spitznamen festzustellen, die sich Oscar und seine Freunde im Krankenhaus gegenseitig geben. In bildhafter Weise verdeutlichen sie die Krankheit des einzelnen Kindes. So wird Oscar, dem aufgrund seiner Chemotherapie alle Haare ausgegangen sind, « Crâne d'Œuf » („Eierkopf") genannt (S. 6, Z. 3/4). Die ebenfalls leukämiekranke Sandrine hat den Spitznamen « la Chinoise » („die Chinesin"), denn sie trägt wegen ihrer Erkrankung eine schwarze Perücke, die ihr ein asiatisches Aussehen verleiht (S. 41, Z. 7–10). Peggy Blues Name verweist auf die Blutkrankheit des Mädchens, die die Lunge schädigt und die Haut bläulich verfärbt (vgl. S. 37, Z. 3–6). Bacon („Frühstücksspeck") heißt so, weil er von schweren Verbrennungen gezeichnet ist (vgl. S. 13, Z. 7–9). Einsteins Name geht auf seinen großen, ballonartig aufgetriebenen Kopf zurück (vgl. S. 19, Z. 17–S. 20, Z. 1), während Pop Corn fettleibig und süchtig nach Süßigkeiten ist (vgl. S. 21, Z. 1–12). Die Spitznamen sind sarkastisch und beinhalten eine gute Portion Galgenhumor. Zugleich beweisen sie jedoch, dass die Kinder ihre Krankheiten akzeptiert haben und in der Lage sind, sich ihnen mit einer gewissen Distanziertheit zu stellen. Dieser Aspekt trägt wiederum dazu bei, die Ernsthaftigkeit der Krankenhausatmosphäre zu durchbrechen – und er fußt, wie der Autor selbst schreibt, auf Beobachtungen, die er selbst als Kind mit seinem Vater bei seinen Besuchen im Krankenhaus gemacht hat:

> *Les êtres que je rencontrais [...] faisaient preuve d'un humour féroce, dont* Oscar et la dame rose *garde la trace, se donnant des surnoms qui leur permettaient de se moquer de la maladie, Bacon pour le grand brûlé, Einstein pour la macrocéphale... Quoique cela choquât quelques adultes à l'extérieur, je trouvais déjà, moi, qu'il y avait une belle santé dans cette dérision ! Quelle autre arme que la plaisanterie pour affronter l'inéluctable, tenir tête à l'insoutenable?*[10]

Neben Umgangssprache und Komik weist die Erzählung *Oscar et la dame rose* auch eine sehr **bildhafte Ebene** auf, die stilistisch anspruchsvoll ist und von Metaphern und Vergleichen geprägt ist. Diese Ebene benutzt Oscar vor allem dann, wenn er von Peggy spricht: « [...] on a l'impression de rentrer dans une chapelle quand on s'approche » (S. 37, Z. 9/10). Ihr erstes Zusammentreffen ist von einer solch märchenhaften Atmosphäre umgeben, dass sich Oscar wie in einem Film fühlt (S. 39, Z. 24–S. 40, Z. 5). Peggy selbst wirkt auf ihn wie ein „blaues Schneewittchen" (« [...] Blanche-Neige comme les photos de neige où la neige est bleue, non pas blanche », S. 39, Z. 13/14), ein Vergleich, der auch durch das Auftreten von Farbsymbolik bemerkenswert ist. Die Farbe Blau steht durch ihre Verbindung zur Gottesmutter Maria einerseits für Peggys Jungfräulichkeit (siehe die Charakterisierung der Figuren: Peggy Blue), andererseits für Romantik und Sehnsucht, womit ihre Zuordnung zu dem Mädchen, in das Oscar verliebt ist, sehr einleuchtend ist. Die sakrale Aura von Peggy unterstreicht Oscar, indem er sie als von Licht umgeben beschreibt (vgl. S. 37, Z. 8/9, S. 40, Z. 4/5). Auch Mamie-Rose ist im Übrigen mit ihrem Namen durch eine Farbsymbolik verbunden. Die Farbe Rosa steht für Optimismus und Freude – zwei Eigenschaften, welche die alte Dame verkörpert und vermittelt.

Ein weiteres Beispiel für eine rhetorisch ausgefeilte Sequenz ist die Erzählung von der Erscheinung Gottes, die mit zahlreichen **Stilmitteln** versehen ist. Die Fülle der Eindrücke, die Oscar erfährt, wird durch Anaphern ausgedrückt, also durch die Wiederholung von Wörtern am Anfang aufeinanderfolgender Sätze (« Tu... », S. 88, Z. 13–S. 89, Z. 1; « Et voilà... », S. 89, Z. 2–4; « Je... », S. 89, Z. 10–16). Diese Sätze weisen ebenso die Stilfigur des Parallelismus auf, d. h. die gleiche Anordnung von Satzteilen. Weiterhin sind diese Eindrücke in Aufzählungen dargestellt, die – wie Oscars Beobachtungen des Lichts, der Farben, der Bäume, der Vögel, der Tiere und schließlich von sich selbst (vgl. S. 89, Z. 10–14) – in eine Klimax, eine stufenförmige Steigerung, eingebunden sind. Die Tatsache, dass sich Oscar Gott nahe fühlt, wird durch den häufigen Gebrauch von Apostrophen, also der direkten Ansprache Gottes, deutlich (« Merci, Dieu », S. 89, Z. 17, « tu », s. oben). Die Heiligkeit des Moments wird durch den Vergleich unterstrichen, dass Oscar Stimmen hört, die für ihn wie aus dem Gewölbe einer Kathedrale aufsteigen (vgl. S. 89, Z. 13/14).

Die Sprache des Werks *Oscar et la dame rose* ist folglich vielschichtig. Einerseits ist sie umgangssprachlich und sehr einfach. Dies ist anziehend für den Leser, da dadurch eine Ebene der Leichtigkeit und Unkompliziertheit als Kontrast zur Schwere der Themen des Werkes vermittelt wird. Darüber hinaus wird so eine Atmosphäre des Vertrauens und der Nähe geschaffen, und zwar nicht nur zwischen Oscar und Mamie-Rose, sondern auch zum Leser. Dieser fühlt sich durch das umgangssprachliche Sprachregister mit dem Protagonisten verbunden. Andererseits besticht die Sprache durchaus durch stilistische Brillanz, die sich im Humor des Werkes, vor allem aber durch die von Stilmitteln ausgeschmückten Sequenzen um Peggy Blue und die Erscheinung Gottes zeigt.

5 Charakterisierung und Figurenkonstellation

Oscar

Oscars Leben, des zehn Jahre alten Protagonisten des Werkes *Oscar et la dame rose*, wird von seiner Krebserkrankung geprägt. Sie hat das Krankenhaus zu seinem Wohnort werden lassen und ihm sogar einen Spitznamen beschert, ihm also eine neue Identität gegeben: « On m'appelle Crâne d'Œuf [...], je vis à l'hôpital à cause de mon cancer [...] » (S. 6, Z. 3–5). Dem Leben im Krankenhaus kann der Junge sogar eine positive Seite abgewinnen, denn hier ist er von den *dames roses*, zahlreichen Spielkameraden und vielen Spielsachen umgeben (vgl. S. 6, Z. 14–S. 7, Z. 3).

Trotz seines Alters und der leidvollen Behandlung, der er sich unterziehen muss, ist er tapfer. Er lässt Chemotherapie und Knochenmarktransplantation über sich ergehen, erträgt geduldig die Schmerzen und nimmt gehorsam seine Medikamente (vgl. S. 7, Z. 9–11). Er akzeptiert demnach die Leukämie als Teil seines Daseins, ohne Klage, ohne Revolte.

Nachdem die Chemotherapie nicht angeschlagen hatte, war die Knochenmarktransplantation die letzte Hoffnung gewesen. An der Miene und dem Verhalten seines Arztes, Doktor Düsseldorf, und des übrigen Krankenhauspersonals erkennt Oscar, dass die Operation fehlgeschlagen ist und die Medizin in seinem Fall an ihre Grenzen gestoßen ist (vgl. S. 12, Z. 15–S. 13, Z. 1). Bei den Untersuchungen sieht ihn der Arzt traurig an, und die Krankenschwestern und das Reinigungspersonal zeigen ihm gegenüber einen ebenso traurigen Gesichtsausdruck (vgl. S. 7, Z. 3–S. 8, Z. 8–9). Dies alles belastet den Jungen immens. Auf der einen Seite merkt er, dass nun keine Aussicht auf Heilung mehr besteht und und hat den Eindruck, ein „Hemmnis für die Medizin" (« un obstacle à la médecine » ; S. 18, Z. 2) zu sein und die Ärzte zu enttäuschen (vgl. S. 12, Z. 15–17). Dieser Eindruck geht mit Schuldgefühlen einher, denn Oscar fühlt sich verantwortlich dafür, dass die Medizin gescheitert ist und daher nun sein Arzt traurig ist:

> *Plus le docteur Düsseldorf se tait avec son œil désolé, plus je me sens coupable. J'ai compris que je suis devenu un mauvais malade, un malade qui empêche de croire que la médecine, c'est formidable. (S. 8, Z. 1–5)*

Die **Gewissheit über seinen bevorstehenden Tod** erhält Oscar schließlich dadurch, dass er unbemerkt ein Gespräch zwischen seinem Arzt und seinen Eltern belauscht (siehe hierzu auch den Abschnitt über Oscars Eltern). Sein anschließendes Versteck im Besenschrank ist dabei nicht einfach ein Ausweg, um von Doktor Düsseldorf und seinen Eltern nicht entdeckt zu werden. Vielmehr verdeutlicht das Eingesperrtsein in dem dunklen Schrank, aus dem sich Oscar nicht allein befreien kann, die ausweglose Lage des Jungen, der ganz allein mit dem Schock und der Ohnmacht angesichts seines eigenen Endes konfrontiert ist – und aus Enttäuschung über seine Umgebung auch allein sein möchte (vgl. S. 23, Z. 10–14).

Als Oscar seinen ersten Brief schreibt, ist also der Verlauf seines äußeren, rein körperlichen Lebens bereits vorgezeichnet. Er wird innerhalb kürzester Zeit seiner Krankheit erliegen. Doch in dem Maße, wie sein Körper verfällt – dadurch gekennzeichnet, dass die Briefe immer kürzer werden –, entwickelt er sich innerlich weiter. Zu Beginn ist er resigniert und traurig. Sein Selbstbewusstsein ist am Ende – er fühlt sich aufgrund seines kahlen Kopfes wie ein Außerirdischer (vgl. S. 31, Z. 21–23). Seine Situation ist von Leiden und Hoffnungslosigkeit geprägt. Vor allem aber ist er einsam, denn er hat niemanden, mit dem er über seinen Gesundheitszustand beziehungsweise über den bevorstehenden Tod offen reden kann. Sein Arzt und sogar seine Eltern entziehen sich ihm, indem sie schweigen und flüchten.

Die einzige Person, zu der Oscar Vertrauen hat, ist Mamie-Rose. Sie ist nämlich die einzige Person in seiner Umgebung, die ihm standhält, als er sie nach seinem bevorstehenden Tod befragt. Damit wird sie in seinen letzten Tagen zur entscheidenden Bezugsperson. Als er beispielsweise im Besenschrank entdeckt wird und ihm das Krankenhauspersonal viele Fragen stellen möchte, verweigert er die Kommunikation und verlangt stattdessen, die alte Dame zu sehen (vgl. S. 24, Z. 14–S. 25, Z. 5). Er kämpft um Mamie-Roses Hilfe und kann sogar entgegen der üblichen Regelungen durchsetzen, dass ihn Mamie-Rose – und nur ihn – an zwölf aufeinanderfolgenden Tagen täglich besuchen darf (vgl. S. 30, Z. 19–S. 31, Z. 18). Er ist sehr froh darüber, da er sich seiner kritischen Lage bewusst ist und erkennt, dass er auf Unterstützung angewiesen ist (vgl. S. 31, Z. 7–9).

Mamie-Rose ist eine Wohltat für Oscar. Er kann mit ihr offen über alles reden – vor allem über seine Krankheit und seinen Tod (zu näheren Ausführungen siehe den folgenden Abschnitt über Mamie-Rose). Es sind jedoch nicht nur die Gespräche und die Auseinandersetzung mit seiner Situation, die ihm guttun. Vielmehr kann er sich mit ihrer Hilfe auch von seinem Schicksal befreien und sich eine fiktive Welt mit einer **neuen Existenz** aufbauen. In dieser Welt steht nicht seine Krankheit im Mittelpunkt, sondern sie ist ein Mosaik einer abwechslungsreichen und erfüllenden Existenz – ein Leben, das durch viele Erfahrungen und vor allem durch Aspekte wie Liebe und Freundschaft geprägt ist. Diese Ersatzwelt macht Oscar glücklich. Der anfangs noch sehr pessimistische und mit seinem Schicksal hadernde Junge beginnt sich an Dingen zu erfreuen. Ob es eine schöne Nacht mit Peggy oder ein guter Tag mit ihr, ihren Eltern oder Mamie-Rose ist (vgl. S. 52, Z. 17; S. 66, Z. 21) – Oscars Ton wird zunehmend gelöster und fröhlicher.

Die Verbesserung seines seelischen Zustands ist auch dadurch bedingt, dass Oscar durch Mamie-Rose einen Weg zum Glauben findet. Der Junge, der aus einem atheistischen Elternhaus stammt und deshalb keine Vorstellung vom Glauben hat, ist am

Anfang skeptisch, ja ablehnend gegenüber der christlichen Religion eingestellt. Er ist geradezu enttäuscht, als Mamie-Rose zum ersten Mal das Gespräch auf Gott bringt, da er den Glauben an Gott mit dem Glauben an den Weihnachtsmann auf eine Stufe stellt, und nicht gedacht hätte, dass eine Person wie Mamie-Rose, die seine Bewunderung durch ihre Catch-Geschichten hervorgerufen hat, so naiv sein könne (vgl. S. 15, Z. 7– S. 16, Z. 3). Auch als Oscar seinen ersten Brief schreibt, stellt er klar, dass für ihn Gott nicht existiert: « […] je ne t'ai jamais adressé la parole parce que je crois même pas que tu existes » (S. 6, Z. 5–7). Aber allmählich nähert sich Oscar dem Glauben an. Schon die Tatsache, dass er sich an Gott wendet und dies durch sein tägliches Briefeschreiben konstant verfolgt, zeigt, dass er Vertrauen in den Glauben fasst. Nach und nach öffnet er sich in seinen Briefen Gott vollkommen, was darin deutlich wird, dass er ihm – wie die „Beichte" über die Zungenküsse mit Peggy Blue – sogar von Dingen erzählt, über die er nicht einmal mit Mamie-Rose redet (vgl. S. 55, Z. 3–6). Schon in seinem zweiten Brief bittet Oscar Gott um einen Besuch. Dieser lässt zwar bis kurz vor seinem Tod auf sich warten, aber in der Zwischenzeit festigt Oscar seinen Glauben dadurch, dass stattdessen er Gott aufsucht. Während seines Aufenthaltes in der Krankenhauskapelle mit Mamie-Rose erfährt er vom Leiden Christi und erkennt, dass durch den Glauben zumindest das seelische Leiden beziehungsweise die Angst vor dem Tod überwunden werden kann, was ihm Zuversicht und Kraft gibt (zu weiteren Ausführungen siehe auch das Kapitel „Interpretation von Schlüsselstellen"). Auch seine Zweifel an Gott, die sich zum Beispiel in der Frage äußern, warum Gott zulassen kann, dass Peggy und er krank seien (vgl. S. 63, Z. 18/19), lässt er hinter sich. Mithilfe von Mamie-Roses Antwort (vgl. S. 63, Z. 16/17; S. 64, Z. 1/2) lernt er, dass Krankheit und Tod keine Bestrafung Gottes, sondern eine Tatsache sind, die man gerade durch den Glauben akzeptieren und ertragen kann.

Unter dem Einfluss des Glaubens gewinnt er an Stärke und Reife. Das zeigt sich in seinem zunehmenden Verständnis für andere Personen. Er, der todkranke Junge, möchte für andere da sein. So will er beispielsweise – noch in kindlich-naiver, aber dennoch rührender Weise – seine gleichaltrige Freundin Peggy Blue vor Gespenstern schützen (vgl. S. 38, Z. 4–S. 39, Z. 23). Später, als er in seinen Gesprächen mit Mamie-Rose über Krankheit, Glaube und Tod darauf gestoßen wird, dass auch Mamie-Rose Probleme haben könnte, bietet er ihr in einer kindlichen, aber auch sehr eindrucksvollen Reaktion eine Adoption an. Wie seinen Teddy Bernard – den seine Eltern durch einen neuen Bären ersetzen wollten – will er die alte Dame adoptieren, um sie so zu beruhigen (vgl. S. 64, Z. 13–S. 65, Z. 10). Oscar vertauscht also die Rollen: Er, der todgeweihte Junge, möchte anderen helfen. Für seine Eltern gewinnt er Verständnis und erkennt, dass sie in Verzweiflung sterben würden, wenn er sich nicht mit ihnen versöhnen würde. Aus diesem Grunde fordert er Mamie-Rose auf, sie zum Weihnachtsfest einzuladen, geht einen mutigen Schritt auf sie zu und entschuldigt sich bei ihnen (vgl. S. 78, Z. 5/6). Indem er schließlich sogar Doktor Düsseldorf beruhigen möchte und ihn von aller Schuld freispricht, erreicht Oscar eine Abgeklärtheit und Reife, die weit über die eines normalen Erwachsenen hinausgeht (vgl. S. 85, Z. 3–18).

Im Laufe seines Weges zu Gott gewinnt Oscar auch an **geistiger Reife** – soweit dies für einen zehnjährigen Jungen möglich ist. Die kindlich-naiven Fragen danach, wie Gottes Adresse laute (S. 18, Z. 9) oder was Gott sich zum Geburtstag wünsche (vgl. S. 70, Z. 13/14), treten gegenüber dem Interesse an existenziellen Fragen wie denen nach der Bedeutung des Lebens, des Todes oder des Glaubens und an damit verbundenen Konversationen zurück (vgl. S. 83, Z. 8–S. 84, Z. 15). Oscar erreicht in der Entwicklung seines Glaubens schließlich den Punkt, an dem Gott ihm erscheint. Als er eines Morgens aus dem Fenster schaut, erkennt er Gottes Wunder der Schöpfung und stellt fest:

J'ai compris que tu étais là. Que tu me disais ton secret : regarde chaque jour le monde comme si c'était la première fois.

Alors j'ai suivi ton conseil et je me suis appliqué. La première fois. Je contemplais la lumière, les couleurs, les arbres, les oiseaux, les animaux. Je sentais l'air passer dans mes narines et me faire respirer. J'entendais les voix qui montaient dans le couloir comme dans la voûte d'une cathédrale. Je me trouvais vivant. Je frissonnais de pure joie. Le bonheur d'exister. J'étais émerveillé. (S. 89, Z. 6–16)

Die Erscheinung Gottes ist für Oscar wie eine Erleuchtung – die Erleuchtung, Freude über das Leben zu empfinden und es bewusst zu genießen. Das Glück des Daseins ist damit die bahnbrechende Erkenntnis am Ende seines eigenen Lebens – und dies kann ihn zufrieden sterben lassen. Zwei Tage vor seinem Tod sagt er, dass es ihm gut gehe, und er versucht seinen Eltern seine Gedanken über das Leben zu vermitteln (vgl. S. 91, Z. 4–16). Letztendlich bittet er Gott sogar, auch ihnen zu erscheinen. Er möchte ihnen also ein glückliches Leben schenken, indem er ihnen die gleiche Erkenntnis wünscht, die auch er erlangt hat. Kurz vor seinem Tod stellt Oscar ein Schild auf seinen Nachttisch, auf dem er vermerkt, dass nur Gott das Recht habe, ihn aufzuwecken (S. 94, Z. 6–9). Das ist der letzte Beweis dafür, wie stark der Glaube des Jungens geworden ist. Oscar weiß, dass sein Leben zu Ende ist, aber er kann zuversichtlich, im Vertrauen auf Gott, sterben.

Mamie-Rose

Mamie-Rose ist die Schlüsselfigur des Werkes, denn sie beeinflusst Oscars Leben maßgeblich – und spinnt damit zugleich die Fäden der gesamten Handlung.

Ihre Funktion als *dame rose*, als ehrenamtliche Helferin für Kinder im Krankenhaus[11], nimmt die alte Dame mehr als ernst. Sie erkennt die Verzweiflung, die Einsamkeit und die Hilfsbedürftigkeit des krebskranken Jungen Oscar und wird zu seinem Anker in der letzten Zeit seines Lebens. Es gelingt ihr, Oscar die Tage vor seinem Tod erträglich zu gestalten.

Ihr Erfolg beruht dabei auf verschiedenen Aspekten. Zunächst einmal besticht sie durch ihre **Präsenz**, denn sie ist die einzige Person, die in der schwierigen Zeit konstant für Oscar da ist und ihm in vielen Situationen eine Anlaufstelle bietet. Oscar kann ihr alles erzählen, sie hört zu und gibt ihm Rat, womit sie für ihn die Rolle einer **Gesprächspartnerin, Beraterin und Vertrauten** einnimmt. Sie ist zweifellos die wichtigste Person an Oscars Lebensende.[12]

Ein weiterer bedeutender Grund ihres positiven Einflusses auf Oscar ist die Tatsache, dass Mamie-Rose anders als die anderen Menschen ist, die den Jungen in den letzten Tagen seines Lebens umgeben. So betrachtet sie seine Probleme und Umgebung mit Distanz und Besonnenheit, die sie zweifellos auch der Lebenserfahrung und Weisheit ihres fortgeschrittenen Alters[13] zu verdanken hat. Diese Haltung verleiht ihr in hohem Maße **Authentizität**, denn Mamie-Rose verstellt sich Oscar gegenüber nicht. Das bewundert der Junge an ihr, denn er stellt fest: « Il n'y a que Mamie-Rose qui n'a pas changé » (S. 8, Z. 12). Aufgrund ihrer **Offenheit** ist sie die einzige Person, mit der er sich über seine Krankheit und seinen Tod austauschen kann. Als sie von ihm direkt auf seinen möglichen Tod angesprochen wird, weicht sie ihm nicht aus, sondern antwortet mit einer Gegenfrage: Warum wolle er, dass man es ihm sage, wenn er es doch wisse (S. 14, Z. 10/11). Auf die Frage, ob seine Operation gescheitert sei, schweigt Mamie-Rose, anstatt ihm ein aggressives „Ja“ zu nennen. Auf diese Weise gibt sie Oscar die Möglichkeit, über ihre Reaktion nachzudenken und selbst seine Schlüsse daraus zu ziehen. Oscar versteht die nonverbale Botschaft und sieht sie als Bestätigung an, woraufhin Mamie-Rose bekräftigt: « Je ne t'ai rien dit, bien sûr. Tu me le jures ? » (S. 15, Z. 3). Krankheit und Tod sind bei Mamie-Rose kein Tabu, sondern Themen, deren Auseinandersetzung sie direkt angeht und denen sie ins Auge sieht.

Mamie-Rose spielt jedoch nicht nur deshalb eine wichtige Rolle für Oscar, weil sie sich mit ihm über seine Probleme austauscht. Sie sucht für ihn auch Wege, die ihm helfen können, mit seiner Situation umzugehen. Der wichtigste Weg, den sie ihm aufzeigt, ist der des **Glaubens**, weswegen die alte Dame auch als « guide spirituel »[14] bezeichnet werden kann. Sie versteht Oscars kritische Situation und Ängste, seine Isolation und seine Probleme mit seinen Eltern. Sie erkennt die Notwendigkeit, ihm Entlastung und Halt zu verschaffen. Aus diesem Grunde ist es verständlich, dass sie ihm vorschlägt, Briefe an Gott zu schreiben (vgl. S. 15, Z. 7). Auf Oscars Frage, was er Gott schreiben solle, antwortet die alte Dame:

> *Livre-lui tes pensées. Des pensées que tu ne dis pas, ce sont des pensées qui pèsent, qui s'incrustent, qui t'alourdissent, qui t'immobilisent, qui prennent la place des idées neuves et qui te pourissent. Tu vas devenir une décharge à vieilles pensées qui puent si tu ne parles pas. (S. 15, Z. 14–19)*

Sinn einer solchen Korrespondenz ist also, dass sich Oscar von belastenden Gedanken entlasten kann. Das Schreiben an Gott dient demnach als Heilmittel für die Seele. Mamie-Rose ermuntert den Jungen, sich jeden Tag etwas von Gott zu wünschen, allerdings könne er nur um ideelle Dinge wie Mut, Geduld, Erkenntnisse oder Gunsterweisungen für andere bitten (vgl.

S. 17, Z. 1–17). Weiterhin ermutigt sie Oscar, Gott um einen Besuch zu bitten (vgl. S. 27, Z. 19/20), der aber auch nur in seinen Gedanken, in seinem Geiste stattfinden könne (S. 29, Z. 17–18). Darüber hinaus führt sie den Jungen auch im eigentlicheren Sinne des Wortes zu Gott, als sie ihn mit in die Krankenhauskapelle nimmt (vgl. S. 55/60; zu einer detaillierten Analyse dieser Textstelle siehe das Kapitel „Interpretation von Schlüsselstellen"). Dort erklärt sie ihm anhand der Jesusstatue am Kreuz den Unterschied zwischen körperlichem und seelischem Leiden und die Tatsache, dass es von jedem selbst abhinge, ob man seelisch leide. Sie verdeutlicht ihm, dass der Vorteil des Glaubens im Vertrauen, in der Überwindung der Angst vor dem Tod bestehe. Mamie-Rose führt Oscar in behutsamen aber wirkungsvollen Schritten zu Gott und bekräftigt den Jungen immer wieder zu glauben, auch als er zweifelt. Mit ihrer Hilfe wird Oscar gläubig, was ihm hilft, dem Tod ruhiger entgegenzusehen.

Mamie-Rose erkennt aber nicht nur, dass Oscar Halt braucht, sondern sieht auch, dass der Junge Träume und Wünsche hat und sich nach einem lebenswerten Leben sehnt. Daher versucht sie ihm Ablenkung zu verschaffen, indem sie zu einer **Geschichtenerzählerin** wird. Ihr Erfolgsrezept ist die Fähigkeit, die Macht des Fiktiven, der Imagination, als Heilmittel gegen die drohende Realität des Todes einzusetzen. So unterbreitet die alte Dame Oscar auf Grundlage einer Legende die **Idee einer neuen Existenz**:

> *Dans mon pays, Oscar, il y a une légende qui prétend que, durant les douze derniers jours de l'an, on peut deviner le temps qu'il fera dans les douze mois de l'année à venir. [...] La légende des douze jours divinatoires. Je voudrais qu'on y joue, toi et moi. Enfin surtout toi. A partir d'aujourd'hui, tu observeras chaque jour en te disant que ce jour compte pour dix ans. (S. 32, Z. 8–22)*

Mamie-Roses Vorschlag, dass von nun an für Oscar jeder Tag für zehn Jahre stehen soll, ist zwar ein fiktives Spiel, doch er bedeutet für Oscar eine essenzielle Ablenkung vom Tod, die ihm die Möglichkeit einer ideellen Ersatzexistenz bietet. Ihm erschließt sich die Option auf ein ganzheitliches fiktives Leben, das von seinen Träumen und Wünschen bestimmt ist. Mamie-Rose ist eine virtuose Spielleiterin von Oscars neuer Existenz. Sie lenkt das Spiel, spielt es mit und dient ihm auch hier als Ansprechpartnerin und Vertraute.

Ihre Funktion als Geschichtenerzählerin stellt Mamie-Rose auch dadurch unter Beweis, dass sie mehrere **Erzählungen von ihrer Karriere als Catcherin** einstreut (vgl. z. B. S. 11/12, 26/27, 35/36, 46/47, 58/59). Diese Geschichten handeln meist von handfesten Erfolgen bei ihren Kämpfen mit ihren Rivalinnen und wirken eher derb. Aber genau diese Derbheit erheitert Oscar und lenkt ihn ab. Mamie-Roses Geschichten sind jedoch nicht nur unterhaltsame Ablenkung, sondern auch eine Ansage an den Jungen, zu kämpfen und nicht den Mut zu verlieren. Als Oscar die Nachricht seines bevorstehenden Todes erhalten hat, erzählt ihm Mamie-Rose beispielsweise die Geschichte vom Turnier von Béthune (vgl. S. 26, Z. 7–S. 28, Z. 2). Dort hat sie ihre geschickte und schier unbesiegbare Rivalin, Sarah Youp La Boum, die stets mit geöltem Körper kämpfte, durch einen einfachen Trick bezwungen: Sie hat Mehl über ihre Konkurrentin geworfen, sodass diese an ihrer Mehlpanade gescheitert ist. Die Botschaft ist laut Mamie-Rose folgende: « Y a toujours une solution, Oscar, y a toujours un sac de farine quelque part » (S. 27, Z. 5–7).

Die Catch-Geschichten sind darüber hinaus Beleg für andere Eigenschaften von Mamie-Rose. So ist sie nicht nur eine liebevolle Zuhörerin oder spirituelle Begleiterin, sondern vermittelt neben ihren ideell-geistigen Fähigkeiten auch einen sehr körperlichen beziehungsweise erdverbundenen Eindruck von sich.

Dies verstärkt sich durch ihre umgangssprachliche und fast vulgäre Art zu reden (siehe zu Mamie-Roses Sprache auch das Kapitel „Sprache und Stil“). Sogar Oscar wird sich ihres niedrigen Sprachniveaus bewusst, als er sich mit ihr unterhält (vgl. S. 10, Z. 9–18). Ihre Derbheit erlebt der Junge auch, als er in ihrem Auto mitfährt. Sie hält sich an keine Verkehrsregeln, hupt fortwährend und fährt insgesamt sehr rasant (vgl. S. 73, Z. 15–S. 74, Z. 3). Mamie-Rose ist folglich ein **Mensch mit Ecken und Kanten**, was nicht nur ihre Authentizität unterstreicht, sondern sie auch sympatisch und anziehend für Oscar macht, der mit sich selbst in vielerlei Hinsicht unzufrieden ist.

Mamie-Rose bietet Oscar auch Hilfestellung im **Umgang mit anderen Personen**. So entwickelt der Junge erst durch sie das Bewusstsein seiner Gefühle für **Peggy Blue**. Als er Mamie-Rose von Peggy erzählt, bemerkt sie jedoch seine Zweifel an seiner eigenen Person und seinem Aussehen. Sie entgegnet mit einem Satz, der Oscar eine Gänsehaut verschafft: « Moi je te trouve très beau, Oscar » (S. 37, Z. 19). Dadurch stärkt sie nicht nur sein Selbstbewusstsein und seinen Mut, sondern sie gibt ihm auch das Gefühl, liebenswert zu sein. Als sein Rivale Pop Corn ihm Peggy abspenstig zu machen droht und Oscar fürchtet, gegen seinen stärkeren Freund zu verlieren, erzählt Mamie-Rose abermals eine Geschichte aus ihrer Catch-Karriere, in der sie eine schwergewichtige Rivalin durch eine List bezwingt, und folgert:

Toi, mon petit Oscar, tu as l'ossature légère et tu n'as pas beaucoup de bifteck, c'est certain, mais la séduction, ça ne tient pas qu'à l'os et qu'à la viande, ça tient aussi aux qualités de cœur. Et ça, des qualités de cœur, tu en as plein. (S. 47, Z. 1–5)

Mamie-Rose vermittelt Oscar das Gefühl, ein wertvoller und liebevoller Mensch zu sein, was schließlich dazu führt, dass Peggy und Oscar ein Paar werden. Sie hilft den beiden weiterhin, als sie nach ihrer „Hochzeitsnacht“ in einem Bett gefunden werden und die Krankenhausbelegschaft in heller Aufruhr ist. In ihrer resoluten Art bringt sie das Personal zum Schweigen (vgl. S. 53, Z. 9–12).

Auch als sich Peggy wegen seines Kusses mit Sandrine von Oscar trennt und er mit der mongoloiden Brigitte Zärtlichkeiten austauscht, steht Mamie-Rose dem Jungen mit Rat und Tat zur Seite (vgl. S. 69, Z. 13–S. 70, Z. 5). Sie erklärt Oscar sein Verhalten, beruhigt ihn und ermuntert ihn, zu Peggy zu gehen, um ihr seine Liebe zu versichern.

In Bezug auf seine **Eltern** hilft Mamie-Rose Oscar ebenfalls. Zunächst versucht sie zu verstehen, warum er Probleme mit ihnen hat. Als sie erkennt, dass der Junge blockiert ist und keinen Ausweg mehr findet, vermittelt sie. Sie konfrontiert ihn mit seinem eigenen Fehlverhalten und versucht in ihm Verständnis für seine Eltern zu erwirken. Auf diese Weise trägt sie zur Versöhnung zwischen Oscar und seinen Eltern bei, welche sie dadurch besiegelt, dass sie Oscars Eltern am Weihnachtsabend zu sich einlädt und alle gemeinsam feiern. Anstatt ihre wichtige Funktion für Oscar allein auszufüllen, hat Mamie-Rose die viel bedeutendere Rolle der Eltern immer im Hinterkopf. Selbst nach Oscars Tod weiß sie, dass der Kummer seiner Eltern noch schlimmer ist, und nimmt sich zurück (vgl. S. 93, Z. 12–15).

Am Schluss des Werkes tritt sie selbst als Erzählerin in den Vordergrund, sodass der Leser Gelegenheit hat, die Situation aus ihrer Perspektive zu sehen und einen Einblick in ihr Inneres zu gewinnen. Sie berichtet von ihrer großen Trauer um den Jungen, aber sie zieht positive Bilanz über die Zeit mit Oscar und dankt Gott dafür:

> *Merci de m'avoir fait connaître Oscar. Grâce à lui, j'etais drôle, j'inventais des légendes, je m'y connaissais même en catch. Grâce à lui, j'ai ri et j'ai connu la joie. Il m'a aidé à croire en toi. Je suis pleine d'amour, ça me brûle, il m'en a tant donné que j'en ai pour toutes les années à venir. (S. 93, Z. 16–S. 94, Z. 3)*

Der Leser wird hier einerseits an Mamie-Roses imaginäres Spiel mit Oscar und ihre Funktion als Geschichtenerzählerin erinnert – er erfährt sogar, dass sie nicht einmal Catcherin war. Andererseits wird offensichtlich, dass die alte Dame nicht nur eine Stütze und Hilfe für Oscar war. Vielmehr offenbart Mamie-Rose hier **Oscars Bedeutung für ihr eigenes Leben**. Er hat sie zum Lachen gebracht, er hat ihr Freude gegeben – und er war es letztendlich, der ihr geholfen hat, an Gott zu glauben.

Peggy Blue

Peggy Blue leidet an einer komplizierten Blutkrankheit, welche die Lunge in Mitleidenschaft zieht und ihre Haut bläulich verfärbt. Aus diesem Grunde wird das Mädchen „Peggy Blue" genannt oder auch als « enfant bleue » (S. 36, Z. 19) bezeichnet. Peggy wartet auf eine wichtige Operation, nach der sich ihre Haut wieder rosa verfärben soll.

Im Krankenhaus lernt sie Oscar kennen, der wie sie an einer schweren Krankheit leidet, und die beiden kommen sich schrittweise näher. Dabei übt zunächst Peggy eine große Faszination auf Oscar aus. Sie wirkt auf ihn wie eine „Fee" und scheint wie von Licht umgeben (S. 37, Z. 2–9). Ermutigt durch Mamie-Rose, ergreift Oscar schließlich die Initiative, das Mädchen näher kennenzulernen. Obwohl er erst unsicher ist, ob Peggy Blue ihn überhaupt bemerkt habe, und obwohl er fürchtet, dass sie ihn häßlich finden könnte (vgl. S. 37, Z. 15–18), entschließt er sich, sie vor den Gespenstern zu schützen, die sie, wie er vermutet, allabendlich heimsuchen. Das erste Zusammentreffen zwischen Peggy und Oscar ist märchenhaft: Peggy Blue wirkt auf den Jungen wie Schneewittchen, das auf seinen Prinzen wartet (vgl. S. 39, Z. 10–14; siehe hierzu auch das Kapitel „Sprache und Stil"). Mutig bietet Oscar ihr seinen Schutz gegen Gespenster an (vgl. S. 39, Z. 21–23). Peggy Blue scheint von dieser Botschaft positiv überrascht und beeindruckt zu sein, denn sie sieht ihn an, ohne etwas zu sagen, und blinzelt mit ihren Wimpern (vgl. S. 39, Z. 24). Die märchenhafte Situation wird allerdings dadurch zerstört, dass Oscar von seinem Rivalen Pop Corn verjagt wird, der das Mädchen seinerseits beschützen will.

Obwohl Oscar zwischendurch mit der leukämiekranken Sandrine anbändelt, will Peggy ihm nicht aus dem Kopf gehen, weshalb er, wieder von Mamie-Rose motiviert, noch einmal sein Glück bei dem Mädchen versucht. Er geht zu ihr, um ihr den Schneeflockenwalzer aus dem Nussknacker vorzuspielen. Nun offenbart auch Peggy ihre Gefühle für Oscar. Sie lächelt und spricht erstmals zu ihm, indem sie ihm sagt, dass sie das Lied schön fände (S. 48, Z. 1–5). Nachdem ihr Oscar ein Kompliment zu ihrer blauen Körperfarbe gemacht hat, ergreift sie auch die weitere Initiative (vgl. S. 48, Z. 14–24). Sie äußert den Wunsch, dass nur Oscar sie gegen die Gespenster beschützen solle. Darüber hinaus fordert sie ihn auf, sie zu küssen, und offeriert ihm ihre Wange.

Die Beziehung zwischen den beiden wird so ernst, dass Heiratsabsichten geäußert werden. Oscar möchte sich mit Peggy vermählen, wobei er Gott um Hilfe bittet (vgl. S. 49, Z. 4–14). Gott als Zeuge der Hochzeit – das ist ein deutlicher Hinweis für die sakrale Dimension der Beziehung zwischen Peggy und Oscar. Die Hochzeitsnacht wird eingeläutet, als sich Oscar abermals zu Peggy begibt, um sie vor Gespenstern zu schützen. Schließlich fragt ihn das Mädchen, ob er bei ihr schlafen wolle (S. 52, Z. 9), und Oscar bleibt bis zum nächsten Morgen. In einer fortgeschritteneren Phase ihrer Ehe festigt sich der Eindruck, dass Peggy Blue der Beziehung eine religiöse Ebene verleiht, denn das Mädchen wird von Oscar mit einer Marienstatue verglichen, die er bei Mamie-Rose gesehen hat:

[...] chez Mamie-Rose, sur une étagère, dans l'escalier, il y avait une statue de Peggy Blue. Je te jure. Exactement la même, en plâtre, avec le même visage très doux, la même couleur bleue

sur les vêtements et sur la peau. Mamie-Rose prétend que c'est la Vierge Marie, ta mère d'après ce que j'ai compris, une madone héréditaire chez elle depuis plusieurs générations. Elle a accepté de me la donner. Je l'ai mise sur ma table de chevet. (S. 80, Z. 10–18)

Das zarte Gesicht, vor allem aber die blaue Farbe der Marienstatue erinnern Oscar an das Mädchen. Die bläuliche Verfärbung des kranken Mädchens nimmt damit eine tief religiöse Symbolik an: Sie wird, vom Erzähler Oscar sicher unbewusst verwendet, mit dem Blau als Farbe der Jungfrau Maria und des christlichen Glaubens in Zusammenhang gebracht. Aus dieser religiösen Erhöhung heraus ist es verständlich, dass Oscar die blaue Hautfarbe von Peggy Blue verehrt. Die Tatsache, dass ihr eine Operation ihre normale Hautfarbe zurückgeben würde, findet er schon schade, als er Peggy noch gar nicht richtig kennt (vgl. S. 37, Z. 6–8). Als die Operation unmittelbar bevorsteht, wird er sich jedoch bewusst, dass er sie, wie immer auch ihre Hautfarbe wäre, gleich lieben würde (S. 66, Z. 8–10).

Die sakrale Dimension von Peggys und Oscars Liebe zeigt sich auch darin, dass ihre Beziehung in religiösem Sinne bis zum Schluss unschuldig bleibt. Zwar tauschen die beiden in ihrer Hochzeitsnacht Zärtlichkeiten aus (vgl. S. 52, Z. 16–22; S. 54, Z. 12–14), aber vom Geschlechtsakt ist nie die Rede. Peggy und Oscar haben Angst, dass schon ein Zungenkuss zu einer Schwangerschaft führen könnte (vgl. S. 54, Z. 16–20) und wollen ohnehin mit Kindern warten (vgl. S. 50, Z. 4/5; S. 61, Z. 16/17). Obwohl aus einem solchen Verhalten und solchen Ansichten kindliche Naivität und Unaufgeklärtheit sprechen, wird dadurch nochmals die Reinheit ihrer Beziehung unterstrichen.

Die außerordentliche Stellung, die Peggy und ihre gemeinsame Liebe in Oscars Dasein einnehmen, bleibt lange erhalten. Als das Mädchen operiert wird, wird sie von Oscar umsorgt. Ihre Familie vertraut ihm Peggy an. Außerdem übersteht ihre Beziehung andere Krisen. Nachdem Peggy von seiner Jugendsünde mit Sandrine erfahren hat, verlässt sie ihn, was ein deutlicher Beweis für ihre verletzten Gefühle ist. Nach einem weiteren Seitensprung mit Brigitte bereut er sein Verhalten und geht zu Peggy, um ihr mitzuteilen, dass er sie liebe und sich ein Leben ohne sie nicht mehr vorstellen könne. Dieses Gefühl hat auch Peggy, denn sie liebt Oscar immer noch und beginnt bei seiner Liebeserklärung zu weinen. So berichtet der Junge:

> *Ce matin, à huit heures, j'ai dit à Peggy Blue que je l'aimais, que je n'aimais qu'elle et que je pouvais pas concevoir ma vie sans elle. Elle s'est mise à pleurer, elle m'a avoué que je la délivrais d'un gros chagrin parce qu'elle aussi elle n'aimait que moi [...]. (S. 71, Z. 1–7)*

Im Alter hört Peggy mit ihm zusammen den Schneeflockenwalzer und erinnert sich mit ihm an ihre gemeinsamen Erfahrungen. Ihre Tage zu zweit sind jedoch gezählt, denn nach Peggys erfolgreich verlaufener Operation und nach Erlangen ihrer natürlichen Hautfarbe rückt das Ende ihres Krankenhausaufenthaltes näher. Peggy hat zwar auch mit rosafarbenem Teint ihre Wirkung auf Oscar nicht verloren, aber sie ist dadurch wieder zu einem gesunden Menschen geworden und muss den Mikrokosmos des Krankenhauses verlassen. So kehrt sie eines Tages zu ihren Eltern zurück. Der Weggang Peggys stürzt Oscar in eine tiefe Krise, denn er weiß, dass er Peggy nie mehr wiedersehen wird. Für Oscar, der in seinem Lebensalterspiel zwischen achtzig und neunzig ist, ist der Abschied von Peggy mit dem Tod seiner Partnerin gleichzusetzen. Er fühlt sich traurig und allein (vgl. S. 87, Z. 2–7).

Obwohl Peggy Blue Oscar nicht bis an sein Lebensende begleitet, hat sie eine wichtige Rolle in Oscars Dasein eingenommen, denn sie hat dem Jungen ein Gefühl geschenkt, das er bisher nicht gekannt hat und das zu einem bedeutenden Inhalt seiner neuen Existenz beziehungsweise der letzten Tage seines

Daseins geworden ist: die Liebe zwischen Mann und Frau. Er, der todkrank ist, und sich aufgrund seiner Krankheit unattraktiv fühlt, hat das Gefühl gewonnen, von jemandem geliebt und gebraucht zu werden. Damit stellt Peggy seine schönste und nachhaltigste Ablenkung im Krankenhaus dar.

Oscars Eltern

Oscar ist das einzige Kind seiner Eltern. Da sie ziemlich weit vom Krankenhaus entfernt wohnen und von Montag bis Samstag arbeiten müssen, können sie ihren Sohn nur einmal pro Woche besuchen (vgl. S. 20, Z. 8–14).

Sie sind mit der tödlichen Krankheit ihres Sohnes überfordert und machen in den Augen von Oscar alles falsch, was sie falsch machen können.

Den schlimmsten Fehler begehen sie seiner Ansicht nach, als sie ihm verschweigen, dass sie während der Woche einen Gesprächstermin mit seinem behandelnden Arzt haben. Da ihn sein Freund auf das Auto seiner Eltern aufmerksam macht, erfährt Oscar vom außerplanmäßigen Besuch seiner Eltern im Krankenhaus und kann so ein Teil des Gesprächs belauschen (vgl. S. 22, Z. 3–18). Als seine Eltern vom Arzt erfahren, dass für ihren Sohn keine Aussicht auf Heilung mehr besteht, sind sie von ihren Gefühlen überwältigt. Der Vater bekommt kaum ein Wort heraus und beide lehnen es ab, bei ihrem Sohn vorbeizusehen. Oscar, völlig geschockt davon, dass sie ihn nicht sehen möchten, interpretiert dieses Verhalten als Feigheit (« [...] mes parents étaient deux lâches. Pire : deux lâches qui me prenaient pour un lâche ! » (S. 22, Z. 19–21). Verschlimmert wird die Situation noch dadurch, dass die Eltern bei ihrer Heimlichtuerei bleiben und auch beim nächsten offiziellen Besuch leugnen, dass sie das Gespräch mit seinem Arzt hatten (vgl. S. 44, Z. 4–9).

Seine Eltern begründen ihre Entscheidung, ihren Sohn nach dem entscheidenden Gespräch mit Doktor Düsseldorf nicht sehen zu wollen, damit, dass sie nicht möchten, dass ihr Sohn sie so völlig aufgelöst sieht. Sie glauben folglich, dass es für ihn besser sei, sie lieber gar nicht als schwach zu sehen, in der Meinung, dass er in dieser schwierigen Situation nur starke Leute in seinem Umfeld brauchen könne. Darüber hinaus möchten sie ihrem ohnehin schon traurigen und verzweifelten Kind noch mehr Kummer – und vor allem ihren eigenen Kummer – ersparen.

Oscars Eltern merken nicht, dass sie die Lage grundsätzlich falsch einschätzen und dass ihr Sohn es ihnen übel nimmt, dass sie nicht offen zu ihm sind, und dass er ihr Bemühen, ihn schonen zu wollen, nicht versteht. Oscar ist nun jedenfalls so aufgebracht, dass er in seinen Briefen mehrfach bekundet, seine Eltern zu hassen (vgl. S. 26, Z. 4; S. 27, Z. 13) und sie als « cons » bezeichnet (S. 29, Z. 6, 11). Aus dem anfänglichen Schock entwickeln sich folglich Wutgefühle.

Die mangelnde Kommunikationsfähigkeit der Eltern zeigt sich auch bei ihrem Besuch nach dem entscheidenden Gespräch mit Doktor Düsseldorf. Seine Eltern, so Oscar, hätten seit Beginn seines Krankenhausaufenthaltes Schwierigkeiten, sich mit ihm zu unterhalten und würden ihm stattdessen Spielzeug mitbringen:

> *Depuis que je suis en permanence à l'hôpital, mes parents ont du mal avec la conversation ; alors ils m'apportent des cadeaux et l'on passe des après-midi pourries à lire les règles du jeu et les modes d'emploi. (S. 43, Z. 13–17)*

Die Geschenke seiner Eltern interpretiert Oscar als Ersatz, als Ablenkung und Verdrängung schwieriger Gesprächsthemen, möglicherweise auch als schlechtes Gewissen. Noch empörter reagiert Oscar, als er seine Eltern auf ihren vorherigen Besuch im Krankenhaus anspricht und sie alles leugnen. Oscar reagiert nun seinerseits mit Ignoranz und Schweigen, indem er nicht weiter mit seiner Mutter und seinem Vater redet, sondern stattdessen zwei Stunden lang Musik hört (S. 44, Z. 4–16). Bei ihrem Abschied spürt Oscar, dass seine Eltern ihm etwas mitteilen wollen und es ihnen nicht gelingt. Schließlich umarmt seine Mutter ihn und bekundet ihm ihre Liebe, indem sie sagt: « Je t'aime, mon petit Oscar, je t'aime tellement. » (S. 45, Z. 6). Auch aus Sehnsucht an vergangene Zeiten lässt Oscar die Zärtlichkeiten seiner Mutter zu (vgl. S. 45, Z. 4–11). Aus seiner Grundhaltung ist allerdings eher zu schließen, dass das Verhalten seiner Eltern dazu geführt hat, dass sich der Junge allein fühlt und sich deshalb zurückzieht.

Die Ablehnung seinen Eltern gegenüber wird an Weihnachten zur Flucht. Sein Vater und seine Mutter wollen den Heiligen Abend mit ihm im Krankenhaus verbringen, aber die Aussicht, mit seinen Eltern zu feiern, denen er – aus Unverständnis ihrer Situation heraus – Dummheit vorwirft (vgl. S. 72, Z. 3–4), empfindet Oscar als bedrohlich. Um dieser Lage zu entgehen, tut er genau das, was er seinen Eltern vorgeworfen hat: Er flieht, und zwar zu Mamie-Rose nach Hause. Dort führt er mit ihr ein langes Gespräch über seine Eltern. Als Reaktion auf Oscars Wut und Unverständnis seiner Eltern ergreift die Dame die Position der Eltern und zeigt dem Jungen deren Situation auf. Sie verdeutlicht ihm, wie tragisch es wäre, wenn er sich vor seinem Tod nicht mit ihnen versöhnen würde, und kritisiert sein Verhalten. Nur weil er zuerst sterben werde, habe er nicht das Recht, andere zu vergessen (S. 77, Z. 20–22). Dieser Denkanstoß läutet die entscheidende Kehrtwende in der sich immer weiter verschlechternden Beziehung von Oscar zu seinen Eltern ein. Er sieht ein, dass er durch seine einseitige, sehr ichbezogene Sichtweise einen Fehler begangen hat, und lässt zu, dass Mamie-Rose seine Eltern anruft. Als diese kommen, entschuldigt er sich bei ihnen mit den Worten, dass er vergessen habe, dass auch sie eines Tages sterben werden (S. 78, Z. 5/6). Durch diese Offenheit, die den Eltern wohl bewusst macht, dass ihr Sohn seine ausweglose Lage kennt und anscheinend einigermaßen damit umgehen kann, löst sich die Spannung bei ihnen. Endlich gelingt es ihnen, sich ihrem Sohn gegenüber wieder normal zu verhalten. Seine Mutter und sein Vater, so bemerkt Oscar, seien wie vorher (S. 78, Z. 8), und sie verbringen ein ausgelassenes Weihnachtsfest zusammen.

Die von Oscar initiierte Versöhnung mit seinen Eltern trägt maßgeblich dazu bei, dass beide Parteien seinem Tod gelassener entgegensehen können. Weiterhin erfahren die Eltern zwei Tage vor seinem Tod, nachdem ihm Gott erschienen ist, Oscars Auffassung vom Leben (vgl. S. 91, Z. 4–16). Auf diese Weise vermittelt er ihnen das Gefühl, dass er in Frieden sterben wird. So können schließlich auch seine Eltern, für die der Verlust ihres einzigen Kindes schmerzhaft sein muss, ihren Sohn beruhigter gehen lassen.

Das Verhalten von Oscars Eltern ist durchaus von Liebe zu ihrem Sohn gekennzeichnet, was sich darin zeigt, dass sie die Ankündigung des baldigen Todes ihres Sohnes tief trifft und sie verzweifelt versuchen, ihn bei ihren Besuchen abzulenken oder das Richtige zu sagen. Das Problem ist, dass es ihnen nicht gelingt, die wahren Bedürfnisse ihres Sohnes zu erkennen und adäquat darauf zu reagieren. Sie brauchen letzten Endes seine Hilfe, um mit der schwierigen Situation klarzukommen.

Diese Probleme von Eltern mit kranken Kindern hat Eric-Emmanuel Schmitt selbst lange beobachtet, als er seinen Vater, der während seiner Kindheit als Physiotherapeut auf Kinderkrankenstationen arbeitete, ins Krankenhaus begleitet hat. So schreibt der Autor über die Kinder im Krankenhaus:

Je découvrais aussi leurs points de souffrance, la maladie parfois, mais surtout la solitude, solitude due à l'absence des parents ou – pire – à l'incapacité des parents à conserver une relation avec un enfant malade. Tant de pères et de mères [...] ne parvenaient plus à tenir une conversation normale, à se mon-

trer joyeux, enjoués. Certains mêmes disparaissaient, écrasés par la gêne, le remords ou la honte… [15]

Für Eltern mit einem kranken Kind ist es folglich schwierig, sich ihm gegenüber angemessen zu verhalten. Wie das Beispiel von Oscars Eltern zeigt, ist der Umgang mit dem Kind durch den eigenen Schmerz und die eigene Ohnmacht – vielleicht auch durch Scham – überschattet, was ein natürliches Verhalten erschwert und eine normale Eltern-Kind-Beziehung verhindert. Als Folge, wie wiederum Oscars Reaktion zeigt, besteht die Gefahr, dass sich das Kind ungerecht behandelt und im Stich gelassen fühlt, weil es das Verhalten der Eltern nicht versteht.

5.5 Figurenkonstellation

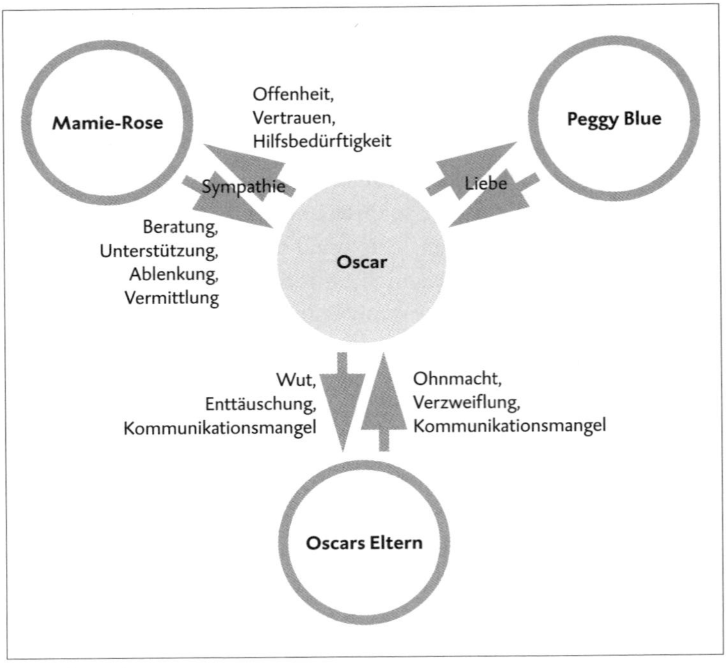

Figurenkonstellation

6 Zentrale Aspekte und Motive

Im Mittelpunkt des Werkes *Oscar et la dame rose* stehen die Fragen nach **Krankheit, Tod, Leben, Liebe, Glück und Glaube**. Dies sind Themen, die auf der einen Seite metaphysischer beziehungsweise transzendenter Natur sind, also über das sinnlich Erfahrbare hinausgehen und sich mit dem Jenseits des Erlebens beschäftigen. Damit gliedert sich das Werk in den *Cycle de l'Invisible* ein, der eben um diese Ebene der Transzendenz, der Grenzüberschreitung des sinnlich Wahrnehmbaren, kreist. Auf der anderen Seite sind dies Fragen, die alle Menschen zu allen Zeiten betreffen, was dem Werk Humanität und Zeitlosigkeit verleiht.

Eines dieser Themen, mit dem alle Menschen in ihrem Leben konfrontiert sind, ist das Thema **Krankheit**. Es steht im Mittelpunkt der Existenz des zehnjährigen Oscars und bedingt seinen Aufenthaltsort sowie seine Umgebung, womit die Krankheit auch ein grundlegender Aspekt in seinen Beziehungen zu den anderen Figuren ist. Ohne sie würde der Junge keinen Umgang mit Peggy Blue sowie seinen anderen Freunden aus dem Krankenhaus haben. Oscar hat sich, so scheint es zu Beginn der Erzählung, mit seinem Leben im Krankenhaus arrangiert und sich dort eine Existenz aufgebaut, in der er sich nicht unwohl fühlt. Dies ist ein Charakteristikum, das auf Schmitts Beobachtungen aus seinen Erfahrungen mit seinem Vater im Krankenhaus beruhen muss, denn der Autor schreibt über die Kinder, die er dort getroffen hat:

> *Les êtres que je rencontrais, avec l'intelligence rapide du jeune âge, s'étaient parfaitement adaptés à cette nouvelle vie où ils avaient leurs marques, leurs repères, leurs plaisirs. L'hôpital, loin d'être une retraite, devenait un lieu d'existence.*[16]

Die Krankheit ist jedoch vor allem insofern existenziell für Oscars Leben, als dass sie ein anderes bedeutendes Charakteristikum mit sich zieht: Sie ist unheilbar und damit auch die Ursache seines bevorstehenden Todes sowie der Zeit, die ihm noch bleibt, bevor er stirbt. Die Gewissheit über seinen **Tod** stürzt ihn und seine Umgebung in eine Krise. Oscar ist unglücklich und haltlos. Statt Hilfe von außen erlebt er schweigende Ärzte und flüchtende Eltern – also den Rückzug seiner Umwelt.

Damit ergibt sich aus der Tatsache der Krankheit und des Todes eine ganz andere Frage, die zum beherrschenden Motiv für Oscar und seine Umgebung wird: Es ist die Frage nach dem **Umgang mit Krankheit und Tod**.

Genau hier spielt auch die Frage nach dem **Leben** eine wichtige Rolle, denn wie lässt sich die Zeit eines Todkranken vor seinem Tod so gestalten, dass der Betroffene die Möglichkeit hat, sich an seinem restlichen Leben zu erfreuen? Mamie-Rose findet für Oscar eine Antwort auf diese Frage, weil sie ihm durch ihr Spiel, in dem jeder Tag für zehn Jahre stehen soll, die Möglichkeit einer Ersatzexistenz bietet, in welcher er seine Träume und Wünsche ausleben kann. Oscar verbringt Momente des **Glücks**, wobei die Beziehung zu Peggy, die Erfahrung der **Liebe** zwischen Mann und Frau, sicherlich die schönste Erfahrung ist. Momente des Glücks erlebt er – wenn auch auf anderer Ebene – mit Mamie-Rose. Die alte Dame lenkt ihn ab, bringt ihn zum Lachen, vermittelt ihm durch ihre Catch-Geschichten Optimismus, kümmert sich um ihn und schenkt ihm Warmherzigkeit. Oscar erfährt auch damit Liebe, wodurch die letzten Tage seines Lebens lebenswert werden.

Neben der Ablenkung ist die **Auseinandersetzung** mit Krankheit, Leben und Tod wichtig. Auch hier ist Mamie-Rose die Schlüsselfigur, denn sie ist die einzige Person, mit der sich Oscar über diese Aspekte unterhalten kann. Im Gegensatz zu seinem übrigen Umfeld flüchtet sie nicht, als er über seinen Tod sprechen möchte, sondern nimmt die Konfrontation an. Sie versteht es zudem, diese Themen auf eine abstraktere Ebene zu bringen. So versucht sie beispielsweise, Oscar die Vergänglichkeit des Lebens zu verdeutlichen, indem sie erklärt:

Nous oublions que la vie est fragile, friable, éphémère. Nous faisons tous semblant d'être immortels. (S. 14, Z. 18–20)

Die Unterhaltungen mit Mamie-Rose inspirieren den Jungen, sich selbst mit den Fragen nach Leben oder Tod zu beschäftigen. So wird Oscar wenige Tage vor seinem Tod immer nachdenklicher und schlägt in einem Lexikon der Medizin unter anderem die Begriffe „Leben" und „Tod" nach, findet jedoch keine Einträge. Daraufhin sucht Oscar wieder den Kontakt zu Mamie-Rose, und an dieser Stelle zeigt sich sehr deutlich die **philosophische Ebene** des Werkes. So schlägt die alte Dame dem Jungen vor, in einem Lexikon der Philosophie nachzusehen, warnt ihn aber gleichzeitig, enttäuscht zu werden, weil man dort mehrere Antworten für jeden Begriff finden würde. Die interessantesten Fragen, so erklärt sie, blieben Fragen, denn es gebe für den Begriff „Leben" beispielsweise mehrere Lösungen (S. 83, Z. 22 – S. 84, Z. 13). Folglich gibt es für jede Frage diverse Antworten und Erklärungen (zu näheren Ausführungen zu diesem Aspekt siehe auch das Kapitel „Interpretation von Schlüsselstellen").

Zu einer Auseinandersetzung mit diesen Fragen gehört neben einer grundlegenden Thematisierung auch die **Akzeptanz** von Krankheit und Tod. So kann Oscar sich nur aus seiner Krisensituation retten, wenn er den Krebs und vor allem die Tatsache, dass er sterben wird, annimmt. Das ist, wie Schmitt selbst verdeutlicht, das zentrale Motiv des Werkes:

[...] ce livre Oscar et la dame rose *[...] se résume peut-être à cette obsession : plus important que guérir, il faut devenir capable d'accepter la maladie et la mort.*[17]

Ein weiterer grundlegender Punkt in dem Werk ist die Verbindung der Aspekte Krankheit und Tod mit dem **christlichen Glauben**, denn es ist der Glaube, der Oscar zur Akzeptanz des

Todes verhilft. Akzeptanz meint hier vor allem, dass der Junge einen Halt findet, der stärker ist als alle anderen Personen um ihn herum – stärker selbst als Mamie-Rose.[18] Oscars Weg zum Glauben ist dabei mit verschiedenen Aspekten des Christentums verbunden.

Ein bedeutender Aspekt ist **Jesu Kreuzigung**, mit der Oscar durch den Besuch in der Krankenhauskapelle konfrontiert wird. Der Junge lernt, dass Gott sich den Menschen in Jesus Christus, seinem Sohn, selbst als Mensch zeigt, der leidet, und Oscar erfährt, dass Jesus Folter und Todesqual durchleidet, um schließlich für die Menschen zu sterben. Auf der anderen Seite wirft Oscar hier die Frage nach dem Grund und der Rechtfertigung des Leidens auf (« Mais pourquoi souffrir ? »; S. 57, Z. 6), die mit dem Problem der Theodizee in Zusammenhang gebracht werden kann (zu näheren Ausführungen zu diesem Problem siehe auch das Kapitel „Interpretation von Schlüsselstellen"). Die Theodizee ist die von dem Philosophen Gottfried Wilhelm Leibniz geprägte Frage nach der Rechtfertigung Gottes angesichts des Leidens des Menschen.

Den Gegenpol zum Tod Jesu bildet **Weihnachten**, die Feier von Jesus Geburt. Für Oscar ist der Heilige Abend vor allem als Fest der Familie bedeutend, da er hier die Versöhnung mit seinen Eltern feiert. Am Weihnachtstag entdeckt er im Haus von Mamie-Rose außerdem die Marienstatue, die ihn, verbunden durch einen Vergleich mit Peggy Blue, zu einer ersten Auseinandersetzung mit der Jungfrau und Gottesmutter Maria bringt.

Die **Erscheinung Gottes**, die Oscar drei Tage vor seinem Tod erlebt, ist schließlich der Höhepunkt der Festigung seines Glaubens. Als christliche Erfahrung kann es mit dem Empfängnis des Heiligen Geistes, also als **Pfingstereignis**, interpretiert werden. Der Junge versteht sich hier zudem als Teil der göttlichen Schöpfung und empfindet es als wunderbare Erfahrung. Dieses Ereignis weist auch Parallelen zur biblischen Schöpfungsgeschichte auf. Die Reihenfolge, in der Oscar die Welt um sich neu begreift, gleicht in Teilen dem Verlauf der Schöpfungsgeschichte. Oscar sieht zuerst Licht, dann Farben, danach Bäume, Vögel und Tiere, um sich anschließend selbst, als Mensch, zu spüren (vgl. S. 89, Z. 10–16). Nach dem ersten Kapitel des ersten Buches Mose vollzog sich die Schöpfung der Erde in sechs Tagen. Am ersten Tag schuf Gott das Licht, am zweiten Tag den Himmel, am dritten Tag Land, Meer und Pflanzen, am vierten Tag Sonne, Mond und Sterne, am fünften Tag die Vögel des Himmels und die Lebewesen des Meeres und am sechsten Tag alle Tiere des Landes und schließlich den Menschen.[19]

Nach der Erscheinung Gottes ist Oscar innerlich bereit zu sterben. Das Schild, das er kurz vor seinem Tod aufstellt, unterstreicht, dass der Junge in seinem Glauben gefestigt ist. Jemand, der verkündet, dass nur Gott das Recht habe, ihn aufzuwecken, hat sein Schicksal angenommen, weil er es in Gottes Hände gelegt hat und der Zukunft in Vertrauen auf Gott zuversichtlich entgegensieht. Die Verwendung des Wortes „réveiller“ ist im Übrigen ein weiterer Verweis auf den christlichen Glauben, da es zugleich auf die „Auferweckung“, also die **Auferstehung** nach dem Tod anspielt und damit auf das **Osterfest**.

Die zeitliche Dimension des Werkes bietet einen weiteren Zusammenhang zum christlichen Glauben. So bleiben Oscar insgesamt noch **zwölf** Tage zum Leben und damit auch zur Entwicklung und Festigung seines Glaubens. Die Zahl zwölf ist eine wichtige symbolische Zahl für den christlichen Glauben. Sie verweist mit den zwölf Jüngern, die auch als Apostel bezeichnet werden, auf die Verbreitung des christlichen Glaubens. Weiterhin wird die Zahl zwölf im Christentum als heilige Zahl der Begegnung Gottes mit der Welt gedeutet. Als drei wird dabei die Trinität Gottes, also die Einheit der drei Personen des göttlichen Wesens, Gott Vater, Gott Sohn und Gott Heiliger Geist, begriffen, die auf die vier Himmelsrichtungen, die vier Jahreszeiten und die vier Elemente trifft. Auch hier kann eine Parallele erkannt werden, denn Gott erscheint Oscar gerade in Verbindung mit Schöpfungselementen wie der Jahreszeit (vgl. S. 89, Z. 3/4).

Leonardo Da Vinci, Das letzte Abendmahl

Darüber hinaus nimmt das christliche Menschenbild einen wichtigen Raum im Werk *Oscar et la dame rose* ein. Ein bedeutender Aspekt ist dabei die **Nächstenliebe**, die unter nicht-religiösen Vorzeichen auch als humanitäre Einstellung oder Hilfsbereitschaft bezeichnet werden könnte. Ein herausragendes Beispiel dafür ist Mamie-Rose, die sich selbstlos und barmherzig um den notleidenden und haltlosen Oscar kümmert. Auch Oscar selbst, der sich als Kranker für andere einsetzt, indem er beispielsweise Mamie-Rose adoptiert, wird zunehmend als ein Vorbild der Nächstenliebe gesehen werden.

Oscar wird somit in seinem kurzen restlichen Leben mit allen wichtigen Aspekten des Christentums konfrontiert.

Das Werk *Oscar et la dame rose* vermittelt eine optimistische Botschaft, denn Oscar ist Hoffnungsträger für alle Menschen, die sich – durch Krankheit, Tod oder was auch immer für Umstände bedingt – in einer Krise befinden: Er stellt ein Beispiel dafür dar, wie stark Glaube machen kann.

7 Interpretation von Schlüsselstellen

Annäherung an Gott (Vierter Brief) [S. 55, Z. 12 – S. 60, Z. 10]

Während Oscar in den ersten drei Briefen Gott nur als unsichtbaren Ansprechpartner sieht, kann er sich an dem Tag, an dem er den vierten Brief schreibt, ein Bild von Gott und seinem Sohn machen. Dies bringt ihn dazu, sich mit der **Thematik des Leidens** auseinanderzusetzen.

Mamie-Rose führt Oscar in die Kapelle auf dem Krankenhausgelände, um ihm Jesus am Kreuz zu zeigen. Der Anblick des leidenden Jesus stellt für Oscar ein einschneidendes Erlebnis dar:

> *Ça m'a fait un choc quand j'ai vu ta statue, enfin, quand j'ai vu l'état dans lequel tu étais, presque tout nu, tout maigre sur ta croix, avec des blessures partout, le crâne qui saigne sous les épines et la tête qui ne tenait même plus sur le cou. Ça m'a fait penser à moi. Ça m'a révolté. Si j'étais Dieu, moi, comme toi, je ne me serais pas laissé faire.* (S. 55, Z. 22 – S. 56, Z. 6)

Oscar, der sich bisher noch nicht weiter mit Religion beschäftigt hat und demnach nichts von der Kreuzigung Jesu weiß, ist zunächst einmal schockiert, einen fast nackten, verletzten, blutigen Jesus mit Dornenkranz am Kreuz zu sehen. Der Anblick der Statue führt Oscar jedoch nicht nur das Leiden Christi vor Augen, sondern erinnert ihn zugleich an sich selbst und seine eigene Krankheit. Der erste Schritt zur **Identifikation mit Gott** ist somit getan. Diese Identifikation verfestigt sich, als sich Oscar auf die Frage von Mamie-Rose, ob er sich einem Gott näher fühle,

Christus am Kreuz

der nichts empfinde, oder einem Gott, der leide (S. 56, Z. 15–17), für den leidenden Gott entscheidet.

Doch auch wenn Oscar einen leidenden Gott bevorzugt, so muss er dennoch feststellen, dass er an Gottes Stelle die Qualen nicht hinnehmen würde (S. 56, Z. 3–6, S. 57, Z. 1–3). Dass Gott das Leiden Jesu zulässt ist für ihn ein Zeichen dafür, dass er nicht über ausreichend Macht verfügt, also schwach ist. Folglich kann er ihm auch kein Vertrauen entgegenbringen und bei ihm auch nicht die Geborgenheit finden, die er braucht. In diesem Teil des Gesprächs mit Mamie-Rose klingt die Theodizee an, die von Leibniz geprägte Frage nach der Vereinbarkeit der Existenz Gottes mit dem Leiden der Menschen. Mamie-Rose versucht der Skepsis Oscars entgegenzuwirken, indem sie erklärt, dass niemand dem Leiden entgehen könne (S. 57, Z. 4/5). Das Leiden ist ein fester Bestandteil der menschlichen Existenz. Da niemand dem Leiden entfliehen kann, ist es in Mamie-Roses Augen umso wichtiger, sich mit ihm auseinanderzusetzen.

Am Beispiel der Jesusstatue erklärt sie Oscar, dass es **zwei Arten von Leiden** gebe, das **körperliche Leiden** und **das seelische Leiden**. Zunächst fragt sie Oscar, ob Jesus den Eindruck erwecke zu leiden, was der Junge verneint, und dann erläutert sie:

> *Il faut distinguer deux peines, mon petit Oscar, la souffrance physique et la souffrance morale. La souffrance physique, on la subit. La souffrance morale, on la choisit. [...]*
> *Si on t'enfonce des clous dans les poignets ou les pieds, tu ne peux pas faire autrement que d'avoir mal. Tu subis. En revanche, à l'idée de mourir, tu n'es pas obligé d'avoir mal. Tu ne sais pas ce que c'est. Ça dépend donc de toi.* (S. 57, Z. 11–20)

Während körperliches Leiden ertragen werden muss, wählt man seelisches Leiden selbst und muss es daher, wie den Gedanken an den Tod, nicht zwangsläufig als Leiden ansehen. Jesus dient diesbezüglich als Vorbild für die Menschen, denn er verspürt nur körperliches Leiden und überwindet das seelische.

Bei dieser Diskussion geht es also auch um den **Umgang mit dem Tod**. Dieser muss nicht als negativ betrachtet werden, sondern man kann ihm auch positiv entgegensehen. Mamie-Rose kann die Restzweifel des kranken Jungen widerlegen, indem sie von ihrer Mutter berichtet, die auf dem Totenbett gelächelt und dem Tod mit Ungeduld entgegengesehen habe. Dann setzt die alte Dame wieder eine ihrer Catch-Geschichten als eine Art Gleichnis ein, um dem Jungen ein Gegenbeispiel zu veranschaulichen. Eine ihrer Sportsrivalinnen, Plum Pudding, habe den Tod stets abgelehnt und sich ihm widersetzt – und sich für unsterblich gehalten. Trotz allem sei sie gestorben, aber der Gedanke an den Tod habe ihr das Leben verdorben. Abschließend gibt Mamie-Rose folgenden Kommentar über Leiden, Tod und Glauben:

> *Les gens craignent de mourir parce qu'ils redoutent l'inconnu. Mais justement, qu'est-ce que l'inconnu ? Je te propose, Oscar, de ne pas avoir peur mais d'avoir confiance. Regarde le visage de Dieu sur la croix : il subit la peine physique mais il n'éprouve pas de peine morale car il a confiance. Du coup les clous le font moins souffrir. Il se répète : ça me fait mal mais ça ne peut pas être un mal. Voilà ! C'est ça, le bénéfice de la foi. Je voulais te le montrer.* (S. 59, Z. 11–20)

Oscar soll also den Tod nicht aus Angst vor dem Ungewissen fürchten, sondern Vertrauen haben. Am Beispiel Jesu, der kein seelisches Leiden empfindet, ermutigt Mamie-Rose Oscar, dem Tod zuversichtlich entgegenzusehen. Das ist in ihren Augen der Vorzug des Glaubens. Tatsächlich können ihre Worte als eine Art Glaubensbekenntnis bezeichnet werden, denn sie zeigen mit den Verweisen auf Jesus, seine Kreuzigung, sein Leiden, seinen Tod und den Glauben an Gott starke Parallelen zum Apostolischen Glaubensbekenntnis auf.

Nach der Begegnung mit der Jesusstatue und der Unterhaltung mit Mamie-Rose – die im Übrigen fast den ganzen Brief dominiert und ein Beispiel für den dramatischen Charakter des Werkes ist – ist Oscar bei guter Stimmung, aber auch sehr müde. Als er wieder aufwacht, sagt er der alten Dame:

En fait, je n'ai pas peur de l'inconnu. C'est juste que ça m'ennuie de perdre ce que je connais. (S. 60, Z. 9/10)

Der Junge hat demnach die Erfahrungen in der Kapelle verinnerlicht und überdacht, was ihm ein Stück Reife verliehen hat. Er ist zu dem Schluss gekommen, keine Angst vor dem Ungewissen, vor dem Tod, mehr zu haben.

Mamie-Rose hat damit dem todkranken Kind, das von dem Gedanken an den Tod geplagt wird, eine große Hilfestellung gegeben. Sie bietet Oscar nicht nur die Gelegenheit, sich überhaupt mit dem Tod auseinanderzusetzen, den alle anderen vor ihm nicht einmal erwähnen, sondern auch, die Angst vor dem Tod zu überwinden. Der Schlüssel dazu ist der Glaube, wie sie ihm anhand des Leidens Jesu verdeutlicht.

Weihnachten (Siebter Brief) [S. 71, Z. 1 – S. 79, Z. 22]

Eine weitere Schlüsselstelle des Werkes stellt der im siebten Brief thematisierte Weihnachtstag dar, denn er hat für Oscar familiär eine ganz besondere Bedeutung.

Der Tag beginnt mit einem guten und einem bezeichnenden Start, denn am Morgen des Heiligen Abends geht Oscar nach den Ausschweifungen seiner Midlife-Crisis zu Peggy und erklärt ihr seine Liebe, woraufhin sich die beiden in einer rührenden Szene miteinander versöhnen. Weihnachten als **Fest der Liebe** ist damit eingeleitet.

Unter dem Vorzeichen, dass Weihnachten auch das **Fest der Familie** ist, beginnt der Tag allerdings etwas problematischer. Sobald nämlich Peggy Besuch von ihrer Familie bekommt, wird sich auch Oscar bewusst, dass er den Tag mit seinen Eltern verbringen muss. Die Aussicht auf ein Weihnachtsfest mit seiner Mutter und seinem Vater missfällt ihm stark:

> *Sur le coup de dix heures, je me suis vraiment rendu compte que c'était Noël, [...] que j'allais être obligé de supporter mes parents. Qu'est-ce qu'ils allaient m'offrir encore ? Un puzzle de dix-huit mille pièces ? Des livres en kurde ? Une boîte de modes d'emploi ? Mon portrait du temps que j'étais en bonne santé ? Avec deux crétins pareils, qui ont l'intelligence d'un sac-poubelle, il y avait de la menace à l'horizon, je pouvais tout craindre, il n'y avait qu'une seule certitude, c'était que j'allais passer une journée à la con. (S. 71, Z. 13 – S. 72, Z. 7)*

Hier wird das schwierige Verhältnis, das Oscar zu seinen Eltern hat, deutlich. Der Junge zeigt sich seinem Vater und seiner Mutter gegenüber wütend und respektlos, was durch sein niedriges Sprachniveau unterstrichen wird. Er beschimpft sie als « crétins », schreibt ihnen die Intelligenz eines Müllsacks zu und äußert seine Unlust, eine « journée à la con » mit ihnen zu verbringen. Seine Äußerungen zeigen aber nicht nur das Unverständnis seiner Eltern ihm gegenüber, sondern geben auch sein eigenes Unvermögen wieder, sich in die Lage seiner Eltern zu versetzen.

In diesem Moment ist es für Oscar unvorstellbar, ein gemeinsames Weihnachtsfest mit seinen Eltern zu verbringen. Seine Reaktion auf die Aussicht, den ganzen Abend mit ihnen zusammen zu sein, gleicht dem Verhalten, das er seinen Eltern vorwirft: Er meidet die Konfrontation und flieht (vgl. „ma fugue", S. 72, Z. 8/9). Mithilfe seiner Freunde gelingt es ihm, sich im Auto von Mamie-Rose zu verstecken und unbemerkt mit ihr zu ihrem Zuhause zu fahren. Die Flucht ist zugleich Oscars erste Entfernung aus dem Krankenhaus, einem Ort der Sicherheit. Haben sein Versteck und Mamie-Roses Fahrstil zunächst noch eine abenteuerliche und aufregende Wirkung auf ihn – und eine komische Wirkung auf den Leser –, wird die lange Reise doch sehr anstrengend und ermüdend, sodass er einschläft. Als er schließlich allein und frierend im Auto aufwacht, wird ihm das Risiko bewusst, das er mit seiner Flucht auf sich genommen hat, denn er stellt fest, dass er vielleicht eine Dummheit begangen habe (S. 74, Z. 16–18). Beim Klingeln an Mamie-Roses Tür bricht er auf der Fußmatte zusammen. Die alte Dame nimmt sich dem Jungen sofort an, was abermals ein Zeichen ihrer Menschlichkeit und ihrer Nächstenliebe ist.

Anstatt Oscar Vorwürfe zu machen, beginnt Mamie-Rose mit ihm eine lange Unterhaltung über seine Eltern. Dem verbitterten Oscar (vgl. S. 76, S. 3–5) versucht sie die verzweifelte Lage seiner Eltern zu erklären. Sie tritt als Mentorin auf und möchte bei Oscar Verständnis für seine Eltern bewirken. Sie hätten nicht Angst vor ihm, sondern vor der Krankheit und seien traurig darüber, sich nicht so gut mit ihm zu verstehen wie sie (vgl. S. 76, Z. 12–S. 77. Z. 22).

Mit Hinblick auf seinen **Tod**, aber auch den Tod seiner Eltern sei es wichtig, dass sich das Verhältnis zwischen ihm und seinen Eltern ändert. Mamie-Rose führt Oscar sein eigenes Verhalten kritisch vor Augen und fordert ihn auf, auch über die Situation anderer nachzudenken und Verständnis für sie zu erlangen.

> *Tu passes devant. Cependant est-ce que, sous prétexte que tu passes devant, tu as tous les droits ? Et le droit d'oublier les autres ? (S. 77, Z. 20–22)*

Er allein hat es in der Hand, seine Eltern eines Tages in Ruhe sterben zu lassen, da sie sich mit ihrem einzigen Kind versöhnt hatten (vgl. S. 77, Z. 8–10). Oscar erkennt, dass er einen Fehler begangen hat, und akzeptiert, dass Mamie-Rose seine Eltern anruft. Als seine Eltern kommen, wird er sich weiterhin bewusst, dass nur Kommunikation helfen kann. Von sich aus entschuldigt er sich bei ihnen mit der Erklärung, dass er vergessen habe, dass auch sie eines Tages sterben würden (S. 78, Z. 5/6). Hier zeigt sich wiederum Oscars Entwicklungsprozess, denn mit seinem Verhalten beweist er Stärke und Reife.

Oscars einsichtiges und beherztes Verhalten führt zur Versöhnung: Sein Erfolg wird darin offensichtlich, dass nun der Heilige Abend als Fest der Familie gefeiert wird. Oscar verbringt ein fröhliches Weihnachtsfest mit seinen Eltern und Mamie-Rose; er selbst spricht von einer „super-soirée de Noël" (S. 78, Z. 9). Zur ausgelassenen Stimmung trägt außerdem eine Catch-Episode bei, diesmal allerdings nicht in Form einer Erzählung von Mamie-Rose, sondern als Videoaufnahme. Es ist ein Kampf zwischen Mephista und Jeanne d'Arc, wobei Letztere schließlich – entgegen anfänglichem Schein – gewinnt. Damit siegt auf bildhafter Ebene das Heilige gegen das Teuflische, denn Schmitt verwendet hier sprechende Namen. Jeanne d'Arc, die Jungfrau von Orléans, ist eine französische Nationalheldin und eine Heilige der katholischen Kirche. Mephista hingegen erinnert an Mephisto, dem Teufel in der Faust-Thematik. Darüber hinaus kommentiert Mamie-Rose das Video mit einer Botschaft: Man solle immer die Hoffnung bewahren (« Faut toujours garder l'espoir »; S. 79, Z. 5/6).

Der Weihnachtstag bringt für Oscar somit eine positive Bilanz: das Gute siegt. Oscar hat sich nicht nur mit Peggy versöhnt, sondern auch mit seinen Eltern. Die Versöhnungen hat er selbst herbeigeführt und dabei nicht nur Reife, sondern auch Herz bewiesen. Er selbst hat Weihnachten zu dem gemacht, was es sein soll: ein Fest der Liebe und der Familie.

Der **Glaube** spielt an diesem religiösen Tag zwar zunächst eine untergeordnete Rolle – Oscar reflektiert nicht über die Bedeutung Weihnachtens als religiösen Feiertag und verpasst sogar die Mitternachtsmesse im Fernsehen –, weil es die ganz private Ebene ist, die diesen Tag ausmacht. Dennoch endet der Tag mit der Rückbesinnung auf Gott. Mamie-Rose erinnert an die Geburt Jesu, indem sie Oscar sagt, dass die Versöhnung mit seinen

Eltern ein sehr gutes Geburtstagsgeschenk für Gott sei (S. 79, Z. 9–14). Oscar beendet den Tag schließlich mit dem Wunsch, dass seine Eltern und er immer wie an diesem Abend bleiben sollten (S. 79, Z. 19/20). Der Weihnachtstag hat dem Jungen abseits von seiner fiktiven Ersatzwelt auch in seiner realen Umwelt, die zu einem großen Teil aus seinen Eltern besteht, Glück und Zuversicht gebracht.

Reflexion (Neunter Brief) [S. 82, Z. 1–S. 86, Z. 11]

Der neunte Brief steht unter dem Leitmotiv der Reflexion über existenzielle Fragen und beinhaltet damit die Hauptthematik des Werkes *Oscar et la dame rose.*

Oscar leitet den Brief bereits mit der Bemerkung ein, dass er viel nachgedacht habe (S. 82, Z. 3). Oscars Hang zum Nachdenken ist nicht nur auf sein fortgeschrittenes Alter zurückzuführen, sondern wird vor allem durch die Betrachtung der Pflanze inspiriert, die er als Weihnachtsgeschenk von Mamie-Rose erhalten hat. Er beschreibt die Pflanze folgendermaßen:

> *C'est une plante du Sahara qui vit toute sa vie en un seul jour. Sitôt que la graine reçoit de l'eau, elle bourgeonne, elle devient tige, elle prend des feuilles, elle fait une fleur, elle fabrique des graines, elle se fane, elle se raplatit et, hop, le soir c'est fini. […] On l'a arrosée ce matin à sept heures […] et j'ai pu suivre toute son existence. J'étais ému. C'est sûr qu'elle est plutôt chétive et riquiqui comme fleur – elle n'a rien d'un baobab mais elle a fait bravement tout son boulot de plante, comme une grande, devant nous en une journée, sans s'arrêter.* (S. 82, Z. 6–S. 83, Z. 4)

Die Pflanze übt auf den todkranken Jungen eine starke Faszination aus. Wie er, für den ein Tag zehn Jahre bedeuten, ist sie gezwungen, in kürzester Zeit ein ganzes Leben zu leben, da sie nur einen einzigen Tag hat, an dem sie alle Phasen vom Keimen über Wachstum, Blüte bis zum Verblühen und Verdorren durchläuft. Auch die Rahmenbedingungen der Pflanze sind denkbar ungünstig, denn sie wächst in der Wüste, wo ihre Existenz von Anfang an unter keinem günstigen Stern steht. Außerdem ist sie, ganz wie Oscar, klein und schwach. Folglich bietet die Pflanze dem Jungen eine gute Möglichkeit der Identifikation. Da sie bewundernswert stark ihre kurze Existenz erlebt, ist sie ein Symbol für die Daseinsberechtigung aller Wesen auf der Welt und damit für das Leben allgemein.

Angeregt durch die Betrachtung der Pflanze beschäftigt sich Oscar anschließend mit den existenziellen Themen „Leben", „Tod", „Glaube" und „Gott". Um eine Antwort auf diese Fragen zu finden, schlägt er in einem Lexikon der Medizin nach, doch im Gegensatz zu Peggy, die sich in dem Lexikon nur mit verschiedenen Krankheiten beschäftigt, erhält er keine Antworten, denn das Lexikon liefert keine Einträge zu den Begriffen, die er sucht. Oscar ist verwundert, in einem solch ernsthaften Werk keine Antwort auf so ernsthafte Fragen zu finden. Seine Anlaufstelle ist deshalb Mamie-Rose, die hier wiederum ihre Rolle als Oscars spirituelle Begleiterin bekräftigt, diesmal allerdings auf rein philosophischer Ebene. Sie erkennt offensichtlich sofort, dass es sich bei Oscars Anliegen um Probleme der Metaphysik handelt, da sie ihm rät, ein Lexikon der Philosophie zu konsultieren. Beim Nachschlagen mahnt sie ihn zur Vorsicht, denn zu jedem Eintrag würde das Lexikon mehrere, sehr unterschiedliche Antworten liefern. Als Oscar sie nach dem Grund fragt, erklärt Mamie-Rose:

> *Les questions les plus intéressantes restent des questions. Elles enveloppent un mystère. A chaque réponse, on doit joindre un « peut-être ». Il n'y a que les questions sans intérêt qui ont une réponse définitive. [...] Je veux dire qu'à « Vie », il y a plusieurs solutions, donc pas de solution.* (S. 84, Z. 5–13)

Für die existenziellen Fragen gibt es folglich keine definitive Erklärung. Aus diesem Grunde gibt es auch für den Begriff des Lebens keine endgültige Lösung. Hier bringt Schmitt die philosophische Dimension seines Werkes zum Ausdruck: Als Philosoph fordert er zur Reflexion, zur Debatte über existenzielle Fragen auf. Dabei zeigt er, dass durch die Offenheit dieser Fragen immer individuelle Lösungen möglich und auch zu suchen sind. Jeder muss seine Definition von Begriffen wie Leben finden, und das erkennt schließlich auch Oscar. Für ihn, so schlussfolgert der Junge im Gespräch mit Mamie-Rose, gebe es keine Erklärung für das Leben außer zu leben (S. 84, Z. 14/15).

Weiterhin scheint Oscar durch dieses Gespräch erkannt zu haben, dass auch die Medizin keine endgültige Antwort auf die Frage nach dem Leben geben kann. Durch seinen wachsenden Glauben weiß er, dass die Macht über das Leben nicht in menschlichen Händen liegt. In seinem Fall konnten ihm die Ärzte trotz vieler Versuche und großem Einsatz nicht das Leben retten. Oscar ist sich zudem bewusst, dass die Ärzte deshalb ein schlechtes Gewissen haben und Schwierigkeiten hatten, über seinen bevorstehenden Tod zu reden und normal mit ihm umzugehen. Als er seinen Arzt, Doktor Düsseldorf, trifft, sagt er ihm:

> *Arrêtez les airs coupables. Ce n'est pas de votre faute si vous êtes obligé d'annoncer des mauvaises nouvelles aux gens, des maladies aux noms latins et des guérisons impossibles. Faut vous détendre. Vous décontracter. Vous n'êtes pas Dieu le Père. Ce n'est pas vous qui commandez à la nature. Vous êtes juste réparateur. Faut lever le pied, Doktor Düsseldorf, relâcher la pression et pas vous donner trop d'importance, sinon vous n'allez pas pouvoir continuer ce métier longtemps. (S. 85, Z. 7–17)*

Hier stellt Oscar ein weiteres Mal seine Reife unter Beweis, indem er die Rollen umdreht: Er, der todkranke Junge, geht auf seinen Arzt zu, um diesen von seinen Schuldgefühlen zu befreien – und der Arzt ist dankbar für diese Geste. Oscar hat auch damit einen weiteren Schritt getan, um sich mit seinem Umfeld zu versöhnen.

Rezeption

1 Erfolgsphänomen

Eric-Emmanuel Schmitt hat mit seinem literarischen Werk ein Zeichen gesetzt, denn der Autor ist einer der meist gelesenen und meist inszenierten zeitgenössischen französischen Schriftsteller auf der Welt.[20] Seine Theaterstücke werden in 27 Ländern gespielt und sind in über zwanzig Sprachen übersetzt.

Dabei haben sich besonders der *Cycle de l'Invisible* und vor allem die dazugehörige Erzählung *Oscar et la dame rose* als außerordentlich erfolgreich erwiesen. So wurde beispielsweise *Oscar et la dame rose* in knapp 40 Sprachen übersetzt. Im deutschsprachigen Raum sind sogar zwei Ausgaben erschienen, eine im Fischer Verlag, die andere im Ammann Verlag. Im Jahre 2004 erschien das Werk – ebenso wie *Monsieur Ibrahim et les fleurs du Coran* – bei Digital Publishing auch als Hörbuch.

Dass die Erzählung *Oscar et la dame rose* ein vielgelesenes Buch ist, verdeutlicht Schmitt durch Statistiken auf seiner Internetseite. So soll das Buch im Jahre 2003 auf Platz 14 der International Fiction Bestsellers gestanden haben.[21]

Aufgrund seiner dramatischen Elemente wurde das Werk auch als **Theaterstück** adaptiert und auf den internationalen Bühnen aufgeführt. *Oscar et la dame rose* wird auf der ganzen Welt gespielt, wobei die meisten Aufführungen in Deutschland zu verbuchen sind.[22] Allgemein wurden Schmitts Stücke in Deutschland besonders häufig gezeigt, was der Autor auch mit der Werkstatistik des Deutschen Bühnenvereins belegt, laut derer Schmitt 2005/2006 nach Shakespeare, Schiller, Brecht, Grimm und Goethe der meistgespielte Autor gewesen sein soll.[23]

Der Beleg dafür, dass sich Eric-Emmanuel Schmitts *Cycle de l'Invisible* und insbesondere *Oscar et la dame rose* als sehr erfolgreiches literarisches Projekt erwiesen haben, zeigt sich auch in diversen **Auszeichnungen**.[24] So wurde im Jahre 2006 einigen Werken des *Cycle*, *Monsieur Ibrahim et les fleurs du Coran*, *L'enfant de Noé*, *Oscar et la dame rose* und *Milarepa*, von den Scriptores Christiani in Belgien der „Grand Prix Étranger" verliehen. Auch die einzelnen Werke wurden prämiert. Das Werk *Monsieur Ibrahim et les fleurs du Coran* erhielt 2004 den deutschen Bücherpreis (Publikumspreis). Die Erzählung *L'enfant de Noé* wurde im Jahre 2005 in Frankreich mit dem „Prix Rotary" ausgezeichnet. Dem Werk *Oscar et la dame rose* wurden sogar mehrere Preise zuteil. Im Jahre 2004 erhielt es den „Prix Chronos" in Frankreich, ein Jahr später den „Prix Chronos" in der Schweiz. Außerdem wurde *Oscar et la dame rose* im Jahre 2004 in Frankreich mit dem „Prix Jean Bernard" von der Académie de Médecine ausgezeichnet. Nach einer Umfrage des Magazins *Lire*, nach der die Franzosen die Bücher nennen sollten, die ihr Leben verändert hätten, wurde *Oscar et la dame rose* neben der Bibel, *Les trois Mousquetaires* oder *Le Petit Prince* genannt.[25]

Die Frage, die sich bei den genannten Statistiken unwiderruflich stellt, ist die nach den Gründen für den außergewöhnlichen Erfolg von Eric-Emmanuel Schmitts Erzählung *Oscar et la dame rose*. Was macht das Werk so faszinierend für den Leser?

Neben der Betroffenheit und Bewegtheit, die jeder Leser spürt, wenn er das Buch über das ergreifende Schicksal des kleinen Oscar in die Hände nimmt, ist es vor allem die **Universalität der Themen**, die das Werk ausstrahlt. Mit den Fragen nach Krankheit, Leben, Tod, Glaube, Liebe und Glück greift Schmitt ähnlich wie ein Molière oder ein Shakespeare zeitlose, allgemeingültige und essenzielle Themen auf, die jeden Leser zu jeder Zeit ansprechen und zum Nachdenken bringen. Man könnte *Oscar et la dame rose* deshalb auch als ein „klassisches" Werk einstufen. In Anlehnung an seine berühmten literarischen Ahnen kleidet Schmitt die Fragen weiterhin in Figuren ein, deren Psychologie er so tiefgründig gestaltet, dass der Leser sich mit den Protagonisten identifizieren kann.

Dabei thematisiert der Autor seine essenziellen Fragen weitgehend in sehr **einfachem Stil**, sodass jeder Leser sie erfassen und sich mit ihnen auseinandersetzen kann. Das Charakteristikum des einfachen Sprachstils, das sich bei genauem Lesen allerdings etwas vielschichtiger gestaltet, ist dabei ein Merkmal der französischen (Erfolgs-)Autoren des 21. Jahrhunderts. Auch Anna Gavalda versteht es, mit Werken, die sprachlich schlicht, aber vom Inhalt existenziell sind, eine große Leserschaft in ihren Bann zu ziehen.

Außergewöhnlich ist das Werk *Oscar et la dame rose* sicherlich in seiner literarischen Form, da es Facetten unterschiedlicher literarischer Gattungen aufweist. Neben Charakteristika des Briefromans, des Tagebuchs, des Bildungsromans und des *conte philosophique* sind ebenso dramatische Elemente aufzufinden. Obwohl das Werk allgemein als Erzählung zu klassifizieren ist, birgt es eine solche genrebezogene Heterogenität in sich, dass man von einer **ganz eigenen modernen literarischen Form** sprechen kann.

Aufgrund seines weitreichenden Vorbildcharakters ist es weiterhin gerechtfertigt, das Werk *Oscar et la dame rose* als Manifest der Menschlichkeit[26] und als Dokument der Hoffnung[27] zu klassifizieren. So stellt Mamie-Roses bedingungslose Nächstenliebe für den hilfsbedürftigen Oscar ein großes Beispiel für Humanität dar. Auch Oscars Umgang mit seinem Schicksal macht Mut. Aus diesem Grunde ist es verständlich, dass der Text von sehr vielen französischen Ärzten gelesen wurde und Schmitt überwältigende Reaktionen von seinem Lesepublikum bekam, wie sehr das Buch als Unterstützung dienen könne.[28] Es ist nachvollziehbar, dass das Werk als „ultimatives Selbsthilfebuch" beschrieben[29] und all denen empfohlen wird, die mit einem Krankenhaus in Berührung kommen.[30]

Einzigartig ist das Werk *Oscar et la dame rose* auch deshalb, weil es Teil eines in der Literatur bisher einmaligen Zyklus über die Weltreligionen ist. In den bislang erschienenen fünf Werken des *Cycle de l'Invisible* thematisiert der Autor die Weltreligionen Christentum, Islam, Judentum und Buddhismus, indem er sie stets in eine Erzählung einbettet. So sind es, wie im Falle von Oscar in *Oscar et la dame rose*, von Momo in *Monsieur Ibrahim et les fleurs du Coran*, von Joseph in *L'enfant de Noé* oder von Jun in *Le sumo qui ne pouvait pas grossir*, oft Kinder oder Jugendliche, die mit Krankheit, Tod, Vertreibung oder Obdachlosigkeit konfrontiert sind und in ihren schwierigen Situationen allein sind. In dieser Not und Einsamkeit erhalten sie nicht nur Hilfe von Personen, die sich ihrer annehmen, sondern finden vor allem Unterstützung im Glauben, der ihnen die Kraft schenkt, ihre Lebenssituationen zu meistern – und sie letztendlich auch zum Glück führt. Schmitt weist damit darauf hin, wie wichtig es für Menschen ist, einen spirituellen Halt zu haben, und verdeutlicht, dass der Glaube ein wichtiges Fundament dazu sein kann. Darüber hinaus vertritt Schmitt damit den Ansatz eines **religionstheologischen Pluralismus**, denn er zeigt, dass unterschiedliche Religionen – ob Christentum, Judentum, Islam oder Buddhismus – Menschen gleichwertig Unterstützung und Glück geben können. Somit hat jede Religion ihre Bedeutung und Daseinsberechtigung. Innerhalb einzelner Werke, wie im Falle von *Monsieur Ibrahim et les fleurs du Coran* und *L'enfant de Noé*, unterstreicht der Autor sogar die Gemeinsamkeiten einzelner Religionen. In einem Zeitalter, das immer noch von Glaubenskriegen geprägt ist, steht Schmitt aus diesem Grunde auch für eine **Literatur der religiösen Toleranz**.

2 Film

Der gleichnamige Film zur Erzählung *Oscar et la dame rose*, der in Belgien und Kanada gedreht wurde, wurde im Dezember 2009 in französischen, belgischen und schweizerischen Kinos gezeigt. Das Drehbuch des Films hat Schmitt verfasst, und er arbeitete auch selbst als Regisseur. In den Hauptrollen spielen Michèle Laroque als Mamie-Rose und Amir als Oscar. In weiteren Rollen sind beispielweise Max von Sydow als Doktor Düsseldorf und Mathilde Goffart als Peggy Blue zu sehen.

Oscar lebt aufgrund seiner Krebserkrankung im Krankenhaus. Als er von seinen Freunden über einen geheimen Besuch seiner Eltern im Krankenhaus informiert worden ist, will er zum Zimmer seines Arztes, Doktor Düsseldorf, gehen. Auf seinem Weg stößt er mit der Pizzabotin Rose zusammen. Nachdem er das Gespräch zwischen Vater, Mutter und Arzt belauscht hat und so die Diagnose seines Todes erfahren hat, verlangt Oscar, Rose zu sehen. Doktor Düsseldorf schlägt der Pizzabotin daraufhin Folgendes vor: Sie soll das Krankenhaus jeden Tag mit ihren Pizzen beliefern und danach ein wenig Zeit mit Oscar verbringen. Nach anfänglichen Bedenken besucht Rose Oscar täglich und kümmert sich um den Jungen. Sie schlägt ihm ein Spiel vor, nach dem jeder Tag für zehn Jahre stehen soll, womit sie ihm ein ganzes Leben eröffnet. Weiterhin lenkt sie ihn durch unterhaltsame Geschichten aus ihrer vermeintlichen Karriere als Catcherin ab. Damit sich Oscar von seinen Problemen und Gedanken erleichtern kann, ermutigt sie ihn außerdem, Briefe an Gott zu schreiben. In diesen Briefen legt der Junge anschließend seine Schmerzen, Sorgen, aber auch seine Freuden und seine erste Liebe offen. Nach und nach entwickelt sich eine einzigartige Freundschaft zwischen Oscar und Rose, die das Schicksal beider Figuren nachhaltig prägt.

Charakteristisch für den Film ist die Tatsache, dass der Fokus nicht nur auf Oscar liegt. Vielmehr wird auch Rose als Figur in den Mittelpunkt gestellt. Der Zuschauer erhält einen – vom Autor und Regisseur Schmitt hinzugefügten – Einblick in das Privatleben der Figur. Dadurch erhält Rose mehr Profil, das sich durchaus auch von der Erzählung entfernt. So ist Rose keineswegs eine großmütterliche Person, sondern – in der Besetzung mit Michèle Laroque – eine attraktive Frau in ihren besten Jahren, die Familie und auch ein Liebesleben hat. Weiterhin genießt sie im Gegensatz zur Erzählung nicht den Status einer eigentlichen *dame rose*, sondern wird aufgrund ihrer pinken Pizzaservice-Kleidung von Oscar fälschlich für eine solche gehalten und entwickelt sich daraufhin zu einer „ungewollten" *dame rose*. Besondere Bedeutung wird im Film auf die wechselseitige Beeinflussung der beiden Figuren gelegt, wobei sich gerade die kantige und burschikose Rose durch Oscar entscheidend verändert und an Charakter und Menschlichkeit hinzugewinnt. So sagt auch Eric-Emmanuel Schmitt über die beiden Figuren:

> *Leur histoire d'amour est double : Rose change la vie d'Oscar, Oscar change la vie de Rose. Ce gamin lui fait découvrir qu'elle est douée pour réfléchir, pour accompagner, qu'elle détient en elle des trésors de générosité insoupçonnés. Au fond, il la fait naître. Tandis qu'elle l'aide à mourir.*[31]

Durch Roses ausgeweitetes Profil treten im Film Figuren auf, die nicht in der Erzählung enthalten sind: Dazu zählen etwa ihre Kinder, ihre Mutter und ihr Freund. Diese Figuren stellen einen aufheiternden Gegenpol zum tristen Krankenhausleben dar. Eine weitere Ablenkung bieten die bunten und burlesken Catch-Szenen, die sich an das Buch anlehnen, aber teils verändert worden sind. Durch ihren zirkusähnlichen Charakter – der ehemalige Regisseur des Cirque du Soleil wirkte an den Szenen mit[32] – unterstreichen sie den Humor, der der traurigen und ernsthaften Handlung entgegengesetzt wird. Zentral für die Catch-Szenen ist dabei eine Schneekugel, die Mamie-Rose Oscar mitbringt. Sie bildet das Eingangstor und die Projektionsfläche für Imagination und harmoniert mit der Szene, in der Peggy Blue und Oscar – in Weiterentwicklung an die musikalische Untermalung des Buches – den Schneeflockenwalzer tanzen.

Eric-Emmanuel Schmitt beweist in seinem Film *Oscar et la dame rose* eindrucksvoll – noch mehr als in der gleichnamigen Erzählung –, dass Krankheit und Tod eine Sache des Umgangs und der Einstellung sind. So sagt der Autor und Regisseur über seinen Film: « Quand on ne peut plus être sauvé par la médecine, on peut être sauvé par l'humour et l'imagination. » [33] Dieses Motto, welches das Leitmotiv der Verfilmung des Buches *Oscar et la dame rose* darstellen könnte, verdeutlicht zweifellos den tragikomischen Charakter der Filmadaptation.

Literaturhinweise

Primärliteratur

ERIC-EMMANUEL SCHMITT: *Oscar et la dame rose*, Reclam, Stuttgart 2004.
Das ist die französische Ausgabe, die dieser Interpretationshilfe zugrunde liegt und aus der auch die Zitate entnommen sind.
Sie ist für den deutschsprachigen Leser zu empfehlen, der gute Französischkenntnisse besitzt und das Werk in der Originalsprache lesen möchte. Als Hilfestellung stehen Erklärungen und zahlreiche Annotationen zum Vokabular, vor allem zu umgangsprachlichen Ausdrücken, zur Verfügung.

ERIC-EMMANUEL SCHMITT: *Oscar et la dame rose*, Albin Michel, Paris 2002 (französische Originalausgabe)

ERIC-EMMANUEL SCHMITT: *Oskar und die Dame in Rosa*, Ammann, Zürich [21]2003 (erste deutschsprachige Ausgabe)

ERIC-EMMANUEL SCHMITT: *Oskar und die Dame in Rosa*, Fischer, Frankfurt am Main [6]2011 (erste deutsche Ausgabe)

Film

Die DVD zum Film *Oscar et la dame rose* ist 2010 im Handel erschienen.

Hörbücher

ERIC-EMMANUEL SCHMITT: *Oscar et la dame rose*, Digital Publishing, München 2004.
Wer den Text gerne von einem Muttersprachler gelesen hören möchte, kann das Hörbuch von *Oscar et la dame rose* erwerben.

Weitere Werke des „Cycle de l'Invisible"

Zur Vertiefung des *Cycle de l'Invisible* bietet sich die Lektüre folgender Werke an:

ERIC-EMMANUEL SCHMITT: *Milarepa*, Albin Michel, Paris 1997.
Der Erzähler Simon nimmt die Existenz von Svastika an, der von seinem Neffen Milarepa berichtet. Nachdem Milarepa von Svastika Leid zugefügt worden ist und er sich gerächt hat, begibt er sich zum Großen Lama, um sich dem tibetischen Buddhismus zu widmen. Durch Askese und Meditation gelingt es ihm, sich von allem loszusagen und seinen Frieden zu finden.

ERIC-EMMANUEL SCHMITT: *Monsieur Ibrahim et les fleurs du Coran*, Reclam, Stuttgart 2003.
Der in Paris ansässige Lebensmittelhändler Monsieur Ibrahim nimmt sich des elfjährigen Juden Momo an. Ihre Verbindung wird so stark, dass Monsieur Ibrahim den Jungen nach dem Tod seines Vaters adoptiert, ihm den islamischen Glauben vermittelt und mit ihm das Land seiner Vorfahren bereist.

ERIC-EMMANUEL SCHMITT: *L'enfant de Noé*, Reclam, Stuttgart 2005.
Im Jahre 1942 wird der siebenjährige jüdische Junge Joseph in Brüssel vor den deutschen Besatzern in Sicherheit gebracht. Er verlebt die Zeit des Krieges getrennt von seinen Eltern in einem katholischen Waisenhaus auf dem Land, wo ihn Pater Pons beschützt, seinen jüdischen Glauben praktizieren lässt und zugleich mit dem Christentum vertraut macht.

ERIC-EMMANUEL SCHMITT: *Le sumo qui ne pouvait pas grossir*, Albin Michel, Paris 2009.
Der fünfzehnjährige Halbwaise Jun, der von seiner Mutter weggelaufen ist, lebt allein auf den Straßen Tokios, bis ihn der Sumo-Trainer Shumintsu dazu bringt, Sumo-Ringer zu werden. Während seiner Karriere als Ringer findet Jun zum Zen-Buddhismus, der ihm hilft, zu sich selbst und zu einem neuen Leben zu finden.

ERIC-EMMANUEL SCHMITT: *Les dix enfants que madame Ming n'a jamais eus*, Albin Michel, Paris 2012.

Auf einer Reise nach China lernt ein Pariser Geschäftsmann in einem großen Hotel die Toilettenfrau Madame Ming kennen. Die beiden vertiefen sich in Unterhaltungen über das Leben, über China und über Kinder. Madame Ming berichtet von ihren angeblich 10 Kindern im geburtengeregelten China, die alle Ausnahmetalente besitzen. Über der Frau, die sich gerne in Aphorismen und Weisheiten des Konfuzius hüllt, schwebt ein Mysterium.

Sekundärliteratur

Aufsätze

ADER, WOLFGANG: Nachwort zu *Oscar et la dame rose*, Reclam, Stuttgart 2004, S. 101–119.

Das Nachwort bietet neben einem Einblick in Schmitts Biografie und einer Einführung in einzelne Werke des *Cycle de l'Invisible* eine Synopse des Werkes *Oscar et la dame rose* und enthält eine philosophische und vor allem theologische Annäherung an den Text.

Monographien

MEYER, MICHEL: *Eric-Emmanuel Schmitt ou les identités bouleversées*, Albin Michel, Paris 2004.

Der Brüsseler Philosophieprofessor Michel Meyer hat es sich in seiner Untersuchung zur Aufgabe gemacht, Schmitts literarisches Gesamtwerk in verschiedene Kategorien zu unterteilen und es innerhalb dieser Kategorien auf unterschiedliche Fragestellungen hin zu analysieren. Seine Analyse zum *Cycle de l'Invisible* ist sehr ausführlich und tiefgründig. Meyer untersucht das Werk *Oscar et la dame rose* dabei unter der Fragestellung « Comment vivre bien sachant qu'il faut mourir » und zeigt auf, dass hier essenzielle und metaphysische Fragen im Mittelpunkt stehen.

MANGANO, FRANCESCA: *Le roman de formation au XXIe siècle : analyse de Monsieur Ibrahim et les fleurs du Coran, Oscar et la dame rose, L'enfant de Noé*, Ed. Bénévent, Nizza 2007.
In dieser Abhandlung untersucht Mangano die drei Werke *Oscar et la dame rose, Monsieur Ibrahim et les fleurs du Coran* und *L'enfant de Noé* im Rahmen der Theorie des Bildungsromans. Anhand einer nachvollziehbaren Analyse zu *Oscar et la dame rose* erhält der Leser einen Einblick in Oscars Lebensphasen und wird davon überzeugt, dass der Junge im Laufe seiner fiktiven Existenz einen Reifungsprozess durchläuft.

Internet

www.eric-emmanuel-schmitt.com
Auf seiner eigenen Internetseite vermarktet sich der Autor und sein Werk sehr detailliert und ansprechend. Die Seite ist in vier Sprachen, auf Französisch, Englisch, Deutsch und Spanisch, zugänglich und bietet eine Vielzahl von Informationen. So sind in der Rubrik « Portrait » unter anderem eine ausführliche Biografie von Schmitt und eine Aufstellung seiner Auszeichnungen aufzufinden. Besonders interessant ist der Bereich « Littérature », denn hier erhält der Leser nicht nur einen strukturierten Überblick über Schmitts literarisches Schaffen, sondern er hat auch die Möglichkeit, zu den einzelnen Werken Inhaltsangaben, Anmerkungen des Autors oder Rezensionen einzusehen. Unter der Überschrift « Actualités » erhält der Leser Informationen zu literarischen Neuerscheinungen, Filmen oder zu aktuellen Aufführungsterminen der Theaterstücke. Die Rubrik « Audiovisuel/Cinéma » enthält viele Informationen zum Film *Oscar et la dame rose*. Hier sind eine Übersicht über die Handlung des Films, Filmfotos, der Film-

trailer, das offizielle Filmplakat, Interviews mit Schmitt und Schauspielern sowie ein Pressedossier zu finden.

www.oscarfilms.be

Diese weitere Seite zur Verfilmung von *Oscar et la dame rose* enthält neben einer Synopse der Handlung einen Überblick über die Produktion des Films und über die Schauspieler.

Anmerkungen

1 Meyer sagt über das Werk: « Ce livre est un bijou, un des grands textes de la langue française [...] » (Michel Meyer, *Eric-Emmanuel Schmitt ou les identités bouleversées*, Albin Michel, Paris 2004, S. 69).

2 Vgl. A. Lesegretain, « Eric-Emmanuel Schmitt: Ce que j'écris me dépasse – Portrait de presse » in: *La Croix*, 7. 10. 2000.

3 Das *Hoggar* oder auch *Ahaggar* ist ein Gebirge vulkanischen Ursprungs im Süden Algeriens. Es gehört zur Sahara und erinnert an eine Steinwüste.

4 A. Lesegretain, « Eric-Emmanuel Schmitt: Ce que j'écris me dépasse – Portrait de presse ».

5 Vgl. dazu auch Jean-François Fournels These, dass Schmitt sein literarisches Werk von seinem Glauben nähre, was auf die Nacht im Jahre 1989 zurückgehe, in der er Gott in der Wüste getroffen habe: « [...] Schmitt nourrit son œuvre de sa foi, née une nuit de 1989 où il a rencontré Dieu dans le désert » (Jean-François Fournel, *« Oscar et la dame rose – Critiques »* in: *Le Pélerin* auf *www.eric-emmanuel-schmitt.com*).

6 Vgl. Eric-Emmanuel Schmitt, « *Oscar et la dame rose* – Commentaires » auf *www.eric-emmanuel-schmitt.com.*

7 Vgl. auf *www.eric-emmanuel-schmitt.com* – Littérature/ Literatur.

8 Vor allem in der französischen Literatur des 17. und 18. Jahrhunderts war der Briefroman populär. Ihm sind Werke wie die *Lettres persanes* (1721) von Montesquieu, *Julie ou La nouvelle Héloïse* (1761) von Jean-Jacques Rousseau oder *Les liaisons dangereuses* (1782) von Choderlos de Laclos zuzuordnen.

9 Die Beschränkung auf einen Korrespondenten ist im Genre des Briefromans durchaus geläufig. Der bekannteste deut-

sche Briefroman, *Die Leiden des jungen Werthers* (1774) von Goethe, beinhaltet beispielsweise nur einen Korrespondenten. Allgemein variiert die Anzahl der Korrespondenten in den unterschiedlichen Briefromanen. Die oben genannten bekanntesten französischen Briefromane haben zumeist zwei oder mehr Korrespondenten.

10 Vgl. Eric-Emmanuel Schmitt, « *Oscar et la dame rose – Commentaires* » auf *www.eric-emmanuel-schmitt.com.*

11 Die französischen *dames roses* entsprechen in Deutschland den *Grünen Damen* der Ökumenischen Krankenhaushilfe, die ehrenamtlich in der stationären Krankenhauspflege tätig sind.

12 Möglicherweise nimmt sie in diesem Rahmen die Funktion einer Ersatz-Großmutter ein, was sich auch in ihrem Namen „Mamie-Rose" zeigt, denn „Mamie" ist das französische Wort für „Oma".

13 Oscar bezeichnet sie nicht umsonst als die älteste der *dames roses*. Sie selbst nennt ihr wahres Alter nicht, aber beschreibt es als dreizehnstellig (vgl. S. 8, Z. 19–S. 9, Z. 2).

14 Francesca Mangano, *Le roman de formation au XXIe siècle: analyse de Monsieur Ibrahim et les fleurs du Coran, Oscar et la dame rose, L'enfant de Noé*, Editions Benevent, Nizza 2007, S. 52.

15 Eric-Emmanuel Schmitt, « *Oscar et la dame rose – Commentaires* » auf *www.eric-emmanuel-schmitt.com.*

16 Ibid.

17 Ibid.

18 Die alte Dame sagt zu Oscar : « Tu devrais écrire à Dieu. Il est plus fort que moi. » (S. 27, Z. 7/8)

19 Vgl. das erste Buch Mose, Kapitel 1.

20 Michel Meyer stellt den Autor sogar definitiv an die Spitze der zeitgenössischen französischen Schriftsteller, wenn er

sagt: « Eric-Emmanuel Schmitt est aujourd'hui l'auteur français contemporain le plus lu et le plus joué dans le monde. » (Klappentext zu Michel Meyer, *Eric-Emmanuel Schmitt ou les identités bouleversées*, Albin Michel, Paris 2004)

21 Vgl. Eric-Emmanuel Schmitt, « Portrait – Statistiques » auf *www.eric-emmanuel-schmitt.com.*

22 Vgl. Eric-Emmanuel Schmitt, « *Oscar et la dame rose* – Au théâtre » auf *www.eric-emmanuel-schmitt.com.*

23 Vgl. Eric-Emmanuel Schmitt, « Portrait – Statistiques » auf *www.eric-emmanuel-schmitt.com.*

24 Vgl. Eric-Emmanuel Schmitt, « Portrait – Prix » auf *www.eric-emmanuel-schmitt.com.*

25 Vgl. Eric-Emmanuel Schmitt, « Portrait – Biographie » auf *www.eric-emmanuel-schmitt.com.*

26 Michel Meyer bezeichnet das Werk sogar als « chef-d'œuvre d'humanité » (Michel Meyer, *Eric-Emmanuel Schmitt ou les identités bouleversées*, S. 70).

27 Michel Meyer sagt in Bezug auf den Autor: « Schmitt est un écrivain de l'espérance dans un monde désespéré. » (Michel Meyer, *Eric-Emmanuel Schmitt ou les identités bouleversées*, S. 8)

28 Vgl. Cassandra Jardine, „A Young person's guide to ill-health" in: *Health Telegraph*, 12. Oktober 2005.

29 Cassandra Jardine spricht von „the ultimate self-help book".

30 Vgl. François Busnel, « Oscar et la dame rose » in: *L'Express*.

31 Eric-Emmanuel Schmitt, « Audiovisuel/Cinéma », Oscar et la dame rose, Interview, auf *www.eric-emmanuel-schmitt.com.*

32 Vgl. Michèle Laroque, « Audiovisuel/Cinéma », Oscar et la dame rose, Interview, auf *www.eric-emmanuel-schmitt.com.*

33 Eric-Emmanuel Schmitt, « Audiovisuel/Cinéma », Oscar et la dame rose, Interview, auf *www.eric-emmanuel-schmitt.com.*

Ihre Meinung ist uns wichtig!

Ihre Anregungen sind uns immer willkommen. Bitte informieren Sie uns mit diesem Schein über Ihre Verbesserungsvorschläge!

Titel-Nr.	Seite	Vorschlag

Bitte hier abtrennen

Lerner • Wissen • Zukunft
STARK

Bitte hier abtrennen

Zutreffendes bitte ankreuzen! Die Absenderin/der Absender ist:

- ☐ Lehrer/in in den Klassenstufen: ____
- ☐ Fachbetreuer/in
  Fächer: ____
- ☐ Seminarlehrer/in
  Fächer: ____
- ☐ Regierungsfachberater/in
  Fächer: ____
- ☐ Oberstufenbetreuer/in
- ☐ Schulleiter/in
- ☐ Referendar/in, Termin 2. Staatsexamen: ____
- ☐ Leiter/in Lehrerbibliothek
- ☐ Leiter/in Schülerbibliothek
- ☐ Sekretariat
- ☐ Eltern
- ☐ Schüler/in, Klasse: ____
- ☐ Sonstiges: ____

STARK Verlag
Postfach 1852
85318 Freising

Kennen Sie Ihre Kundennummer?
Bitte hier eintragen.

Absender (Bitte in Druckbuchstaben!)

Name/Vorname

Straße/Nr.

PLZ/Ort/Ortsteil

Telefon privat

Geburtsjahr

E-Mail

Schule/Schulstempel (Bitte immer angeben!)

Unterrichtsfächer: (Bei Lehrkräften!)

22-V1P

Bitte ausfüllen und im frankierten Umschlag an uns einsenden. Für Fensterkuverts geeignet.

(Bitte blättern Sie um)

Deutsch Prüfungstraining Literatur

Prüfungstraining Literatur Liebeslyrik	Best.-Nr. 1045401
Prüfungstraining Literatur Kafkas Welt	Best.-Nr. 1045403
Prüfungstraining Literatur – Baden-Württemberg Georg Büchner: *Dantons Tod*	Best.-Nr. 8454003
Prüfungstraining Literatur – Baden-Württemberg Peter Stamm: *Agnes*	Best.-Nr. 8454001
Prüfungstraining Literatur – Hessen Schiller: *Die Jungfrau von Orleans*	Best.-Nr. 6454001
Prüfungstraining Literatur – Niedersachsen Christian Kracht: *Faserland*	Best.-Nr. 3454001
Prüfungstraining Literatur – NRW Schiller: *Kabale und Liebe*	Best.-Nr. 5454007
Prüfungstraining Literatur – NRW Koeppen: *Tauben im Gras*	Best.-Nr. 5454005
Prüfungstraining Literatur – NRW Th. Mann: *Buddenbrooks*	Best.-Nr. 5454001
Prüfungstraining Literatur – NRW J. W. v. Goethe: *Iphigenie auf Tauris*	Best.-Nr. 5454003

Spanisch

Kompakt-Wissen Abitur Wortschatz Oberstufe	Best.-Nr. 945401

Englisch Interpretationen

Albee: *Who's afraid of Virginia Woolf?*	Best.-Nr. 2500101
Atwood: *The Handmaid's Tale*	Best.-Nr. 2500181
Auster: *Moon Palace*	Best.-Nr. 2500031
Boyle: *The Tortilla Curtain*	Best.-Nr. 2500131
Bradbury: *Fahrenheit 451*	Best.-Nr. 2500141
20th Century English Short Stories	Best.-Nr. 2500151
Fitzgerald: *The Great Gatsby*	Best.-Nr. 2500191
Golding: *Lord of the Flies*	Best.-Nr. 2500051
Hansberry: *A Raisin in the Sun*	Best.-Nr. 2500291
Hornby: *About a Boy*	Best.-Nr. 2500201
Huxley: *Brave New World*	Best.-Nr. 2500281
Ishiguro: *The Remains of the Day*	Best.-Nr. 2500171
Lee: *To Kill A Mockingbird*	Best.-Nr. 2500231
Lessing: *The Fifth Child*	Best.-Nr. 2500071
Priestley: *An Inspector Calls*	Best.-Nr. 2500081
Russell: *Educating Rita*	Best.-Nr. 2500061
Salinger: *The Catcher in the Rye*	Best.-Nr. 2500111
Shakespeare: *Macbeth*	Best.-Nr. 2500011
Shakespeare: *Much Ado About Nothing*	Best.-Nr. 2500241
Shakespeare: *Romeo and Juliet*	Best.-Nr. 2500041
Shaw: *Pygmalion*	Best.-Nr. 2500121
Shepard: *True West*	Best.-Nr. 2500211
Steinbeck: *Of Mice and Men*	Best.-Nr. 2500261
Swarup: *Q & A – Slumdog Millionaire*	Best.-Nr. 2500271
Williams: *A Streetcar Named Desire*	Best.-Nr. 2500221

Englisch Training

Themenwortschatz	Best.-Nr. 82451
Grammatikübungen	Best.-Nr. 82452
Übersetzung	Best.-Nr. 82454
Grundlagen, Arbeitstechniken und Methoden mit Audio-CD	Best.-Nr. 944601
Sprechfertigkeit mit Audio-CD	Best.-Nr. 94467
Sprachmittlung Deutsch – Englisch · Englisch – Deutsch	Best.-Nr. 94469
Abitur-Wissen Landeskunde Großbritannien	Best.-Nr. 94461
Abitur-Wissen Landeskunde USA	Best.-Nr. 94463
Abitur-Wissen Englische Literaturgeschichte	Best.-Nr. 94465
Klausuren Englisch Oberstufe	Best.-Nr. 905113
Kompakt-Wissen Abitur Themenwortschatz	Best.-Nr. 90462
Kompakt-Wissen Abitur Landeskunde/Literatur	Best.-Nr. 90463

Französisch Interpretationen

Camus: *L'Etranger/Der Fremde*	Best.-Nr. 2550041
Sartre: *Huis clos/* *Geschlossene Gesellschaft*	Best.-Nr. 2550051
Schmitt: *Oscar et la dame rose*	Best.-Nr. 2550071

Französisch Training

Themenwortschatz	Best.-Nr. 94503
Textarbeit Oberstufe	Best.-Nr. 94504
Sprachmittlung · Übersetzung	Best.-Nr. 94512
Abitur-Wissen Französische Literaturgeschichte	Best.-Nr. 94506
Klausuren Französisch Oberstufe mit MP3-CD	Best.-Nr. 105011
Kompakt-Wissen Abitur Wortschatz Oberstufe	Best.-Nr. 945010
Kompakt-Wissen Abitur Kurzgrammatik	Best.-Nr. 945011

Latein Training

Abitur-Wissen Lateinische Literaturgeschichte	Best.-Nr. 94602
Abitur-Wissen Römische Philosophie	Best.-Nr. 94604
Abitur-Wissen Prüfungswissen Latinum	Best.-Nr. 94608
Klausuren Latein Oberstufe	Best.-Nr. 106011
Kompakt-Wissen Abitur Latein Basisautoren Oberstufe	Best.-Nr. 946010

Bestellungen bitte direkt an:

STARK Verlagsgesellschaft mbH & Co. KG · Postfach 1852 · 85318 Freising

Tel. 0180 3 179000* · Fax 0180 3 179001* · www.stark-verlag.de · info@stark-verlag.de

*9 Cent pro Min. aus dem deutschen Festnetz, Mobilfunk bis 42 Cent pro Min.
Aus dem Mobilfunknetz wählen Sie die Festnetznummer: 08167 9573-0

Lernen • Wissen • Zukunft
STARK

22-V1P